JULIUS FORSCHT

IM WELTALL

FORSCHEN, ENTDECKEN, BASTELN

Michael König

Olivia Verlag

INHALT

MEIN VATER ERKLÄRT MIR ...

... jeden Sonntag unseren Nachthimmel. Diesen Spruch hast du bestimmt schon mal gehört. Er hilft dir, die Planeten des Sonnensystems in der Reihenfolge der Entfernung von der Sonne aufzuzählen. Die Planeten liegen dabei nicht auf einer Linie, die von der Sonne bis zum äußersten Planeten Neptun reicht, sondern drehen sich um die Sonne jeweils auf einer festen Umlaufbahn. Überhaupt ist im Weltall alles in Bewegung. Viele Milliarden Himmelskörper schweben umher: Asteroiden (große Felsbrocken mit einer Größe von bis zu 100 Kilometern), Kometen (mit langem, leuchtendem Schweif) und Meteoroiden (kleine Gesteinspartikel, die beim Eintritt in die Erdatmosphäre verglühen). Die hellen Leuchtspuren der Meteoroiden kannst du mit bloßem Auge beobachten, sie zählen und dir jeweils etwas wünschen – man nennt sie übrigens auch Sternschnuppen.

Das Weltall fasziniert die Menschen schon seit vielen Jahrhunderten. Während Forscher den Sternenhimmel früher mit einfachen Fernrohren beobachtet haben, sitzen die Wissenschaftler heute an riesigen Teleskopen, die auf Bergen oder in Wüsten errichtet wurden, um dort durch möglichst saubere und klare Luft schauen zu können. So gelang es ihnen zum Beispiel, eine Galaxie zu entdecken, die so weit entfernt ist, dass ihr Licht mehr als 12 Milliarden Jahre braucht, um uns zu erreichen. Neben der Beobachtung von Sternen, Planeten und sonstigen Himmelskörpern durch Teleskope – man nennt dies Astronomie – ist die Raumfahrt ein wichtiger Bestandteil der Erforschung des Weltalls. Mit unbemannten Raumsonden, also Flugkörpern ohne Passagiere, kann man Planeten, die für uns Menschen zu heiß (Venus), zu kalt (Uranus) oder zu weit entfernt sind (Neptun) ansteuern und dort Fotos machen oder Gesteinsproben entnehmen.

Noch spektakulärer ist die bemannte Raumfahrt. Als erster Mensch flog der Russe Juri Gagarin 1961 mit einer Rakete ins All. Ein paar Jahre später landeten amerikanische Astronauten auf dem Mond.

Man muss nicht immer zu den Sternen greifen, rund um die Erde gibt es jede Menge spannende Dinge zu erforschen. Wusstest du zum Beispiel, dass wir dank der Atmosphäre nicht verbrennen? Und dass wir mit einer Geschwindigkeit von 107.000 Stundenkilometer durchs All rasen? Und dass sich Motten während ihres Flugs am Stand des Mondes orientieren? Julius verrät dir im gleichnamigen Kapitel noch viel mehr über „Sonne, Erde, Mond und Sterne".

Julius findet das Weltall höchst spannend und möchte selbst Sterne und Planeten entdecken. Er studiert die Sternbilder anhand einer Karte und beobachtet nachts den Himmel. Dazu hat er sich ein eigenes Fernrohr gebastelt (Anleitung auf Seite 68) und ein Teleskop gekauft. Los geht's beim Großen Wagen. Ist der gefunden, lässt sich der Polarstern und dann der Kleine Wagen schnell ausmachen. Je nach Ort und Zeit, sieht der Sternenhimmel unterschiedlich aus. Wie du dich dennoch zurechtfindest, erklärt dir Julius im Kapitel „Astronomie".

In diesem Buch dürfen spannende Experimente nicht fehlen. Julius erforscht die Kräfte im Weltall. So wirft er mit seinem Freund Georg Wasserflaschen in die Luft und testet dabei die Schwerelosigkeit. Auch die Gravitationskraft, die die Planeten auf ihren Umlaufbahnen hält, wird mit einem Tischtennisball und einem Bindfaden nachgestellt. Besonders viel Spaß macht den beiden das Lupenexperiment. Dabei bündeln sie die Strahlkraft der Sonne und bringen so ein Papierstück zum Brennen.

Als großer DIY-Fan bastelt Julius ein Planetenmobile fürs Kinderzimmer und eine kleine Rakete, die mithilfe einer Vitamintablette in die Luft geht. Sollte er selbst mal auf Raumfahrt gehen, braucht er energiereiche Astronautennahrung – das Rezept hierfür findest du auf Seite 88.
Bis es allerdings soweit ist, wird es noch einige Mond- und Sonnenfinsternisse geben. Für Julius kein Problem, die schützende Brille hat er sich schon gebastelt (Anleitung auf Seite 32).

Ich wünsche dir eine abenteuerliche Reise durchs All!

UNSER SONNENSYSTEM

Die Sonne ist das Zentrum unseres Sonnensystems. Sie macht 99,86 Prozent der Gesamtmasse aus. Der kleine Rest besteht aus unserer Erde, den Planeten, deren Monden, den Zwergplaneten, Kometen, Asteroiden und Meteoroiden. Diese Himmelskörper werden durch die Anziehungskraft der Sonne an sie gebunden und umkreisen sie gleichmäßig auf ihren Umlaufbahnen.

Schaust du mit bloßen Augen in den Himmel, erkennst du den Mond und bis zu 6.000 Sterne. Wenn du Glück hast, siehst du vielleicht auch mal Sternschnuppen. Wodurch sie entstehen und wann du sie am besten zählen kannst, erklärt Julius dir in diesem Kapitel. Außerdem stellt er dir die „Bewohner" des Sonnensystems vor.

WIE ALLES BEGANN

DIE ENTSTEHUNG DES UNIVERSUMS

1 SEKUNDE

3 MINUTEN

1. Urknall
Das Universum befindet sich in einer Blase, die tausendmal kleiner als ein Stecknadelkopf ist. Darin ist es heißer und dichter, als wir es uns vorstellen können. Plötzlich explodiert die Blase.

2. Druckwelle
Im Minibruchteil einer Sekunde füllt eine brodelndheiße Masse von 1 Quadrilliarde (1.000.000.000.000.000.000.000.000.000) Grad einen Raum, der größer ist als unsere Milchstraße.

3. Abkühlung
Noch innerhalb der ersten Sekunde dehnt sich das Universum weiter aus und kühlt auf 10 Billionen (10.000.000.000.000) Grad ab.

4. Heißer Nebel
Es bilden sich Teilchen (Protonen, Neutronen und Elektronen), die den Raum in einen düsteren Nebel verwandeln, durch den kein Licht hindurchdringt. Das Universum wächst weiterhin und kühlt auf 100 Millionen (100.000.000) Grad ab.

Forscher haben herausgefunden, dass das Universum vor 13,8 Milliarden Jahren durch einen riesigen Knall entstanden ist. Mit diesem Urknall begann der Raum, die Materie und die Zeit – einfach alles. Klingt verrückt, oder? Wenn du dir die Urknalltheorie im Zeitablauf anschaust, wird es noch spektakulärer.

400.000 JAHRE

1 MILLIARDE JAHRE

12,8 MILLIARDEN JAHRE

5. Atome
Nach 400.000 Jahren ist das Universum auf 3.000 Grad abgekühlt. Nun ist es „kühl" genug, dass chemische Prozesse möglich sind. Elektronen verbinden sich mit Protonen und Neutronen und formen Atome, vor allem Wasserstoff und Helium. Licht kann sich im Universum ausbreiten.

6. Galaxien und Sterne
Das Universum füllt sich mit riesigen Wasserstoff- und Heliumgaswolken, aus denen sich Galaxien bilden. Gasklumpen verdichten sich immer weiter und formen die ersten Sterne. Diese Phase dauert etwa 1 Milliarde Jahre und kühlt das Universum auf minus 200 Grad ab.

7. Unser Sonnensystem
Innerhalb von 12,8 Milliarden Jahren sinkt die Temperatur auf minus 270 Grad. Das Universum entwickelt sich weiter: Galaxien ballen sich zusammen; ausgebrannte Sterne explodieren, aus ihrer Gas- und Staubwolke bilden sich neue Sterne; Planeten und Monde entstehen, ebenso unsere Erde.

DIE MILCHSTRAßE UNTER DEN GALAXIEN

Unser Sonnensystem ist Teil der Milchstraße. Diese ist eine Galaxie, die neben unserer Sonne aus fast 400 Milliarden weiteren Sternen besteht. Insgesamt ist sie etwa 1,5 Billionen (1.500.000.000.000) Mal so massiv wie unserer Sonne. Von der Erde aus kann man die Milchstraße mit bloßem Auge als bandförmige Aufhellung am Nachthimmel sehen.

JULIUS' FUßBALLFELDBEISPIEL

Um dir ein Bild von der immensen Ausbreitung der Milchstraße zu machen, hat Julius ein Beispiel für dich: Wenn du die Milchstraße mit einem Fußballfeld vergleichst und die Sterne mit Schneeflocken, die auf den Rasen fallen, dann muss es drei Tage und Nächte lang ohne Pause schneien, bis die Milchstraße gefüllt ist.

MIT DIESEN MAßEN KANNST DU ES NACHRECHNEN:

- Fußballfeld: 105 × 68 Meter
- Schneefall pro Stunde: 3 Millimeter
- Gewicht pro Millimeter Schneefall und Quadratmeter: 1 Kilogramm
- Gewicht pro Schneeflocke: 4 Milligramm

WIE IST UNSER SONNENSYSTEM ENTSTANDEN?

Unser Sonnensystem ist vor 4,5 Milliarden Jahren entstanden. Auslöser waren ausgebrannte Sterne, die explodierten und riesige Gas- und Staubwolken bildeten. Diese drehten sich immer schneller um sich selbst, verdichteten sich dabei mit weiterem kosmischen Staub und Gas und zogen aufgrund der eigenen Schwerkraft die Materie in die Mitte. Dort verklumpte diese und formte sich zu unserer Sonne. Die Temperatur und der Druck im Innern erhöhten sich dabei stark.

Um die Sonne herum wirbelten in der Form einer flachen Scheibe weiterhin kosmische Stoffe wie Wasserstoff, Helium, Kohlenstoff, Eisen und Staub. Im Laufe von Jahrmillionen verklumpten diese Stoffe zu Planeten. Die schweren Gesteinsplaneten wie Merkur, Venus oder Mars blieben in der Nähe der Sonne. Die leichteren Gasplaneten wie Jupiter, Saturn und Uranus verschoben sich nach weiter draußen. Neben den Planeten gibt es im Sonnensystem noch Monde, Zwergplaneten wie den Pluto und Kleinkörper wie Kometen, Asteroiden und Meteoroiden sowie die Gesamtheit aller Gas- und Staubteilchen, die durch die Anziehungskraft der Sonne an diese gebunden sind.

WAS HAT UNSERE GALAXIE MIT MILCH ZU TUN?

Den Namen Milchstraße trägt das Sternsystem, da es wie ein quer über den Himmel gesetzter, milchiger Pinselstrich erscheint. Die Griechen erklärten sich dieses Himmelsbild durch eine Sage. Demnach ließ Zeus seinen Sohn Herakles, den ihm die sterbliche Frau Alkmene geschenkt hatte, an der Brust seiner göttlichen Frau Hera trinken, als diese schlief. Herakles sollte auf diese Weise göttliche Kräfte erhalten. Aber er saugte so unbeherrscht, dass Hera erwachte und den fremden Säugling wegstieß. Dabei spritzte ein Strahl ihrer göttlichen Milch über den ganzen Himmel. Im Jahre 1609 untersuchte der Forscher Galileo Galilei die Milchstraße mit einem Fernrohr genauer und entdeckte, dass das weißliche Band in Wirklichkeit aus unzähligen einzelnen Sternen zusammengesetzt ist.

WIE VIELE GALAXIEN GIBT ES IM WELTALL?

Sich alleine die Größe unserer Milchstraße vorzustellen, ist kaum möglich. Die Weiten im Weltall erscheinen unendlich. Forscher gehen davon aus, dass es circa 1 Billion (!) Galaxien gibt, jede mit Sternen, Planeten, Gasnebeln und Staubwolken. Es gibt noch viel zu erkunden. Unsere Milchstraße gehört zu der „Lokalen Gruppe", einer Ansammlung von 30 Galaxien, die allein durch ihre Schwerkraft zusammengehalten werden. Während die Milchstraße das größte Gruppenmitglied darstellt, folgt auf Platz zwei unser Nachbar, die Andromedagalaxie. Obwohl sie 2,5 Millionen Lichtjahre entfernt ist, bewegt sie sich auf die Milchstraße zu und wird in 4 bis 10 Milliarden Jahren mit unserer Galaxie kollidieren. Dabei werden vermutlich keine Sterne zusammenstoßen, vielmehr werden sich Gas- und Staubwolken verdichten und dabei neue Sterne entstehen. Die neue Galaxie soll Milkomeda (Milky Way + Andromeda) heißen.

2020 wurde eine Galaxie entdeckt, die extrem weit von uns entfernt ist. Das Licht der auf den Namen „SPT0418-47" getauften Galaxie braucht mehr als 12 Milliarden Jahre, bis es unsere Erde erreicht.

DIE SONNE UND IHRE ACHT PLANETEN

Kennst du den Spruch „Mein Vater erklärt mir jeden Sonntag unseren Nachthimmel"? Die Anfangsbuchstaben der Worte stehen für die Planeten, deren Reihenfolge der jeweiligen Entfernung von der Sonne. Als erster ist der Merkur dran (mit dem Anfangsbuchstaben „M" für „Mein"). Dann kommt die Venus mit „V" für „Vater" und so weiter bis zum äußersten Planeten Neptun (mit „N" für „Nachthimmel").

Je weiter die Planeten von der Sonne entfernt liegen, desto kälter ist es auf ihnen. Der Merkur schwebt in „nur" 58 Millionen Kilometer Abstand von der Sonne und hat im Durchschnitt eine Temperatur von 167 Grad. Der letzte in der Kette ist der Neptun. Zu ihm muss man 4.495 Millionen Kilometer weit fliegen. Von der Sonnenwärme kommt nicht mehr viel an, deshalb ist es auf ihm minus 201 Grad kalt.

SONNE

- 1.391.900 km Durchmesser
- 5.500 Grad
- Kein Mond

MERKUR

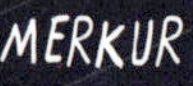

- 4.874 km Durchmesser
- 167 Grad
- 58 Mio. km Entfernung zur Sonne
- Kein Mond

VENUS

- 12.104 km Durchmesser
- 464 Grad
- 108 Mio. km Entfernung zur Sonne
- Kein Mond

ERDE

- 12.756 km Durchmesser
- 15 Grad
- 150 Mio. km Entfernung zur Sonne
- 1 Mond

MARS

- 6.794 km Durchmesser
- Minus 55 Grad
- 228 Mio. km Entfernung zur Sonne
- 2 Monde

Die Venus stellt eine Ausnahme dar. Obwohl sie mehr als doppelt so weit von der Sonne entfernt liegt wie der Merkur, ist sie fast dreimal so heiß wie ihr Nachbarplanet. Der Grund dafür liegt in ihrer dichten Atmosphäre, die wie ein Treibhaus die Hitze speichert.

Julius stellt dir die Sonne und die acht Planeten mit ihren wesentlichen Eigenschaften vor.

JUPITER

- 142.984 km Durchmesser
- Minus 110 Grad
- 779 Mio. km Entfernung zur Sonne
- 79 Monde

SATURN

- 120.536 km Durchmesser
- Minus 140 Grad
- 1.433 Mio. km Entfernung zur Sonne
- 82 Monde

URANUS

- 51.118 km Durchmesser
- Minus 197 Grad
- 2.871 Mio. km Entfernung zur Sonne
- 27 Monde

NEPTUN

- 49.528 km Durchmesser
- Minus 201 Grad
- 4.495 Mio. km Entfernung zur Sonne
- 14 Monde

PLUTO, DER ZWERG

Bis 2006 gehörte Pluto zu den Planeten des Sonnensystems – als kleinster mit einem Durchmesser von 2.400 Kilometern.

Nachdem weitere kleine Planeten entdeckt wurden, wollte man die Anzahl der Planeten des Sonnensystems nicht ändern und ernannte Pluto zum Zwergplaneten.

METEOROIDEN, ASTEROIDEN UND KOMETEN

Neben Planeten gibt es noch jede Menge weitere Himmelskörper, die in unserem Sonnensystem herum schweben. Da sind die kleinen Meteoroiden, die wir als hell leuchtende Sternschnuppen am Nachthimmel beobachten können. Nähern sich Asteroiden der Erde, wird es gefährlich, da sie beim Aufprall mehrere Kilometer breite Krater hinterlassen können. Ein seltenes, aber schönes Schauspiel liefern Kometen: Sie ziehen einen mehrere Millionen Kilometer langen, leuchtenden Schweif hinter sich her.

METEOROIDEN

Du kannst dir die kleinsten Meteoroiden wie Sandkörner vorstellen. Sie bestehen aus kleinen Metall- oder Gesteinsteilchen und sind nur wenige Millimeter groß. Verglichen mit den Weiten des Alls sind sie winzig, dafür aber viele. Jeden Tag nähern sich 10 Milliarden Meteoroiden mit einem Gesamtgewicht von bis zu 40 Tonnen der Erde. Das klingt wie ein Angriff aus dem All, ist aber ungefährlich. Wenn die Meteoroiden in die Erdatmosphäre eindringen, verglühen sie. Wir können die hellen Leuchtspuren, die sich hinter ihnen bilden, am nächtlichen Himmel als Sternschnuppen beobachten. Größere Meteoroiden mit einem Durchmesser von einigen Metern erscheinen als Feuerkugeln und erzeugen manchmal auch einen Knall, wenn sie sich der Erde nähern.

Die besten Chancen, Sternschnuppen zu zählen, hat man nach Mitternacht, da man dann „in Fahrtrichtung" der Erde blickt und auf den „kosmischen Staub" zusteuert. Zweimal im Jahr ist ein wahrer Sternschnuppenregen zu erwarten, da die Erde auf ihrer Umlaufbahn die Meteorströme der Perseiden (Mitte August) und der Geminiden (Mitte Dezember) kreuzt. Das ist wie eine Autofahrt durch ein Schneegestöber. Bis zu 150 Sternschnuppen kannst du dann pro Stunde zählen und dir ordentlich was wünschen!

ASTEROIDEN

Diese bis zu 100 Kilometer großen Gesteinsbrocken verglühen – anders als die kleineren Meteoroiden – nicht beim Eindringen in die Erdatmosphäre. Dies kann zu großen Schäden führen, wenn sie mit der Erde zusammenstoßen. Bisher hat man über eine Million Asteroiden im Sonnensystem entdeckt, die meisten schweben im Asteroidengürtel zwischen Mars und Jupiter. Davon sind knapp 17.000 Asteroiden „erdnah", das heißt, sie fliegen an der Erde mit einem Abstand von weniger als 50 Millionen Kilometer vorbei. Von den erdnahen Objekten haben 9.600 einen Durchmesser von über 140 Metern und stellen somit eine Gefahr dar. Sie werden ständig beobachtet. Kämen sie der Erde zu nah, könnten Sonden zu ihnen geschickt werden mit dem Ziel, in sie einzuschlagen und so ihre Flugbahn zu verändern.

Die Wissenschaftler vermuten, dass der Einschlag eines Asteroiden vor rund 65 Millionen Jahren zum Aussterben der Dinosaurier geführt hat. Der riesige Felsbrocken – größer als der Mount Everest – raste mit über 50.000 Stundenkilometern ins Meer, in den heutigen Golf von Mexiko. Dort entstand ein Überschallknall, eine Hitze von über 1.000 Grad und eine starke Druckwelle. Die Explosion hatte eine Kraft vergleichbar mit 1 Milliarde Hiroshima-Bomben. Übrig blieb zerstörtes Land und ein Krater mit einem Durchmesser von 100 Kilometer und einer Tiefe von 30 Kilometer.

KOMETEN

Kometen sind größer als Meteoroiden und kleiner als Asteroiden. Sie sind bis zu hundertmal weiter von der Sonne entfernt als unsere Erde. Am Rand des Sonnensystems ist es sehr kalt, weshalb sie aus Eis, Staub und Gestein bestehen. Einige von ihnen nähern sich auf ihrer Umlaufbahn wochenlang der Erde. Sobald sie in den Bereich des Mars kommen, verdampft das Eis, und um den Kern bilden sich eine Gashülle und ein leuchtender Schweif, der mehrere Millionen Kilometer lang werden kann.

Ein „alter Bekannter" ist der Halleysche Komet. Er fliegt alle 75 Jahre an der Erde vorbei und kann mit bloßem Auge beobachtet werden. Sein letzter „Besuch" war 1986, sein nächster wird für 2061 erwartet.

NACH HAUSE TELEFONIEREN

GIBT ES LEBEN AUSSERHALB DER ERDE?

In dem Film „E. T. – Der Außerirdische“ bleibt nach der Landung eines Ufos ein Außerirdischer auf der Erde zurück und findet bei einer Familie ein neues Zuhause. Doch bald bekommt er Heimweh und möchte „nach Hause telefonieren“.

Ob es außerhalb unserer Erde Leben gibt, beschäftigt die Forscher schon lange. Sie senden Radiowellen mit Botschaften an benachbarte Sternsysteme und suchen mit leistungsstarken Teleskopen das All nach Hinweisen von fernen Zivilisationen ab. Neben den wissenschaftlichen Arbeiten gibt es Fotografien von schwebenden Ufos, riesige Kornkreise, die über Nacht in Getreidefeldern entstanden sind, und außergewöhnliche Bauwerke, bei denen man sich nicht vorstellen kann, dass sie von Menschenhand erschaffen wurden. Ob dies Zeichen von Außerirdischen sind? Julius geht der Sache auf den Grund.

UFOS

Ufo ist die Abkürzung für „Unbekanntes fliegendes Objekt“, auch „Fliegende Untertasse“ genannt. Da man diese Phänomene nicht zuordnen kann, werden sie als Raumschiffe von Außerirdischen interpretiert. Die ersten Beobachtungen fanden schon im 15. Jahrhundert vor Christus statt. Damals sahen die Menschen Feuerkreise am Himmel. Im Laufe der Zeit wurden unterschiedliche Luftphänomene gesichtet, unter anderem eine grünlich schimmernde, runde Scheibe, Phantom-Luftschiffe, ein V-förmiges Objekt und Lichtkugeln. Wissenschaftler versuchen, diese Beobachtungen zu erforschen, bislang sind sie aber noch auf keinen Beweis für außerirdisches Leben gestoßen.

ÜBERIRDISCHE BAUWERKE

Manche Bauten wie die Pyramiden in Ägypten, der Stonehenge Steinkreis in England und die Moai-Steinstatuen auf der Osterinsel scheinen „nicht von dieser Welt“ zu sein. Zu groß und zu schwer und von der Konstruktion zu komplex sind diese Bauten, als dass Menschen sie mit den damaligen Fähigkeiten und Werkzeugen hätten errichten können. Deshalb glauben einige, dass Außerirdische sie erbaut haben und uns damit Botschaften geben wollen.

KORNKREISE

Jedes Jahr tauchen Hunderte von Kunstwerken auf Kornfeldern auf. Sie sind rund 100 Meter breit, aufwändig konstruiert, zumeist in der Form von Kreisen, Spiralen, Schnecken und Sternen und in kürzester Zeit, häufig über Nacht, entstanden. Während die Bauern sich über die Zerstörung ihrer Felder ärgern, sind die Alien-Fans begeistert und versuchen, aus den Mustern Botschaften von Außerirdischen zu entschlüsseln.

Allerdings gibt es auch eine einfache Erklärung für die Zeichen. Spaßvögel knicken die Halme mit Hilfe von Brettern um und rollen Baumstämme durch das Feld. Dadurch entstehen aus der Höhe betrachtet Muster im Getreide.

Anders sehen das die sogenannten „Kornkreisforscher“. Sie versuchen, möglichst schnell bei einem neuen Kornkreis zu sein, um ihn noch frisch zu erkunden. Hierzu machen sie Luftaufnahmen von dem Muster, vermessen es, untersuchen die Legerichtung der Halme und erstellen eine Skizze. Außerdem wird das Feld auf Fußabdrücke untersucht, um auszuschließen, dass es sich um einen Streich handelt.

Um Botschaften aus Kornkreisen zu entschlüsseln, gibt es mehrere Verfahren. Bei einem legt man auf das Kornbild ein Raster aus Binärcodes. Das sind Kombinationen aus den Ziffern 0 und 1, also zum Beispiel 01000001. Diese Codes stehen für Zeichen wie % oder #, Zahlen oder Buchstaben. Da die Ziffern 0 und 1 soviel wie „aus“ und „an“ oder “falsch“ und „richtig“ bedeuten, lässt sich damit das Muster des Kornkreises spezifizieren. Sind die Halme an einer Stelle des Rasters umgeknickt, bekommt diese eine 1, steht das Getreide an einer anderen Stelle noch unangetastet, wird sie im Raster mit 0 versehen. Wie bei dem Suchspiel „Buchstabensalat“ kann man Binärcodes in dem Raster suchen. Julius hat das probiert und die Codes für die Buchstaben U (01010101), F (01000110) und O (01001111) gefunden. Die Botschaft dieses Kornkreises lautet demnach „UFO“.

Binär-Alphabet:

A	01000001
B	01000010
C	01000011
D	...

Entschlüsselungs-Codes:

● = 0
(Halme nicht umgeknickt)
○ = 1
(Halme umgeknickt)

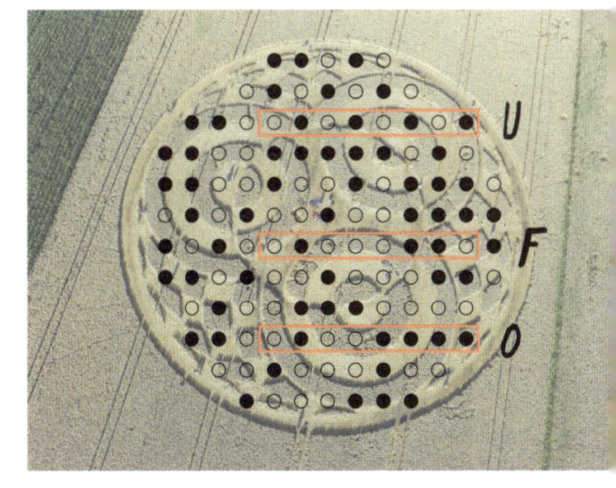

DIY WELTALL-QUARTETT

CHECK DEIN WISSEN ÜBER DAS UNIVERSUM

Im Weltall gibt es Sterne, Planeten, Monde und vieles mehr zu erforschen. Astronomen beobachten mit Teleskopen den Nachthimmel, Raumsonden und Astronauten erkunden das All.

Julius erklärt dir auf den folgenden Seiten, wie ein Sternenleben verläuft, worin sich die Planeten unseres Sonnensystem unterscheiden, wie sich der Mond um unsere Erde dreht und über welche Kräfte er verfügt. Außerdem erzählt er spannende Geschichten über den ersten Menschen im All, die Mondlandung und die Marsmissionen. Mit diesem Quartett kannst du im Anschluss dein Wissen festhalten, beim Spielen nochmal vertiefen und mit deinen Freunden teilen.

BASTELANLEITUNG

1. Falte ein DIN-A4-Blatt dreimal je in der Mitte zusammen, sodass acht Rechtecke entstehen.
2. Wiederhole diese Faltprozedur mit drei weiteren Blättern.
3. Schneide die 32 Rechtecke aus und beschrifte sie wie rechts dargestellt: „A1 Geburt“, „A2 Gelber Zwerg“ und so weiter.
4. Trage auf jeder Spielkarte die drei wichtigsten Eigenschaften des jeweiligen Begriffs ein.

SPIELREGELN

- Karten mischen und an die Spieler verteilen.
- Der Spieler links vom Kartengeber beginnt und fragt jemanden nach einer Karte („Hast du G1?“).
- Falls ja, muss der Befragte die Karte herausgeben. Der Fragende darf solange Karten fordern, bis jemand die angeforderte Karte nicht hat. Dann ist dieser dran, Karten anzufordern.
- Sobald ein Spieler ein Quartett (zum Beispiel G1 – G4) hat, legt er es offen vor sich hin.
- Hat ein Spieler keine Karten mehr, ist er aus dem Spiel, und sein linker Nachbar fragt als Nächster nach Karten.
- Wer bis Spielende die meisten Quartette sammelt, gewinnt.

FREUNDE-WELTALL-QUARTETT

Du kannst auch ein Quartett mit den Steckbriefen deiner Freunde und Familie erstellen. Dazu 32 Karten mit den Namen versehen, zum Beispiel vier aus dem Fußballverein (A1 Benni, A2 Luki ...), vier Klassenkameraden (B1 Georg, B2 Timi ...), vier Nachbarn (C1 Mio, C2 Noah ...), vier aus der Familie (D1 Mama, D2 Emilia ...) und so weiter bis H4.

Darunter dann eine Zeichnung oder ein Foto von der Person setzen und die Spezifikation ausfüllen, zum Beispiel Lieblingssternbild, Lieblingsmondphase, Lieblingsoberfläche des Mondes oder Lieblingsbezeichnung vom Raumfahrer.

8 KATEGORIEN, 4 ARTEN, 32 SPIELKARTEN

STERNENLEBEN	ERDATMOSPHÄRE	MONDPHASEN	MONDKRÄFTE
A1 Geburt	B1 Troposphäre	C1 Neumond	D1 Gezeiten
A2 Gelber Zwerg	B2 Stratosphäre	C2 Mondsichel	D2 Navigation
A3 Roter Riese	B3 Mesosphäre	C3 Halbmond	D3 Jagd
A4 Weißer Zwerg	B4 Thermosphäre	C4 Vollmond	D4 Fortpflanzung

ERDNAHE PLANETEN	STERNBILDER	RAUMFAHRER	GAGARIN-EHRUNGEN
E1 Merkur	F1 Großer Bär	G1 Astronaut	H1 Leninorden
E2 Venus	F2 Kleiner Bär	G2 Kosmonaut	H2 Gedenktag
E3 Mars	F3 Pegasus	G3 Taikonaut	H3 Mondkrater
E4 Jupiter	F4 Herkules	G4 Spationaut	H4 Pinkelpause

SONNE, ERDE, STERNE

MOND UND

Wenn du in den Abendhimmel schaust, siehst du den Mond und die Sterne – wenn du Glück hast auch eine Sternschnuppe. Jeden Tag sieht der Mond anders aus: Erst nimmt er langsam zu, erscheint als volle Kugel am Himmel, und dann nimmt er genauso langsam wieder ab, bis er verschwunden ist. Wie es zu diesen Mondphasen kommt, wie der Mond sich um unsere Erde dreht und welche Kraft er über uns hat, erklärt Julius dir in diesem Kapitel.

Ab und zu kann man ein ganz besonderes Ereignis beobachten: Die Sonne verschwindet am helllichten Tag. Auch an dieser Sonnenfinsternis ist der Mond wieder beteiligt. Wenn du dir dieses Spektakel anschauen möchtest, brauchst du eine spezielle Brille. Julius zeigt dir, wie du sie selbst basteln kannst.

UNSERE SONNE

Ohne unseren Stern, die Sonne, könnten wir nicht leben. Würde sie aufhören zu scheinen, würde die Temperatur auf der Erde auf minus 270 Grad absinken, und der Sauerstoff in der Luft würde gefrieren. Selbst mit dicker Winterkleidung und Sauerstoffflaschen wäre es trostlos: Es gäbe kein Licht, keine Jahreszeiten und keinen Wind mehr. Da ein Stern nicht ewig lebt, müssen wir uns darauf einstellen, dass dieses Szenario irgendwann eintreten wird. Laut den Prognosen der Wissenschaftler allerdings erst in frühestens 5 Milliarden Jahren.

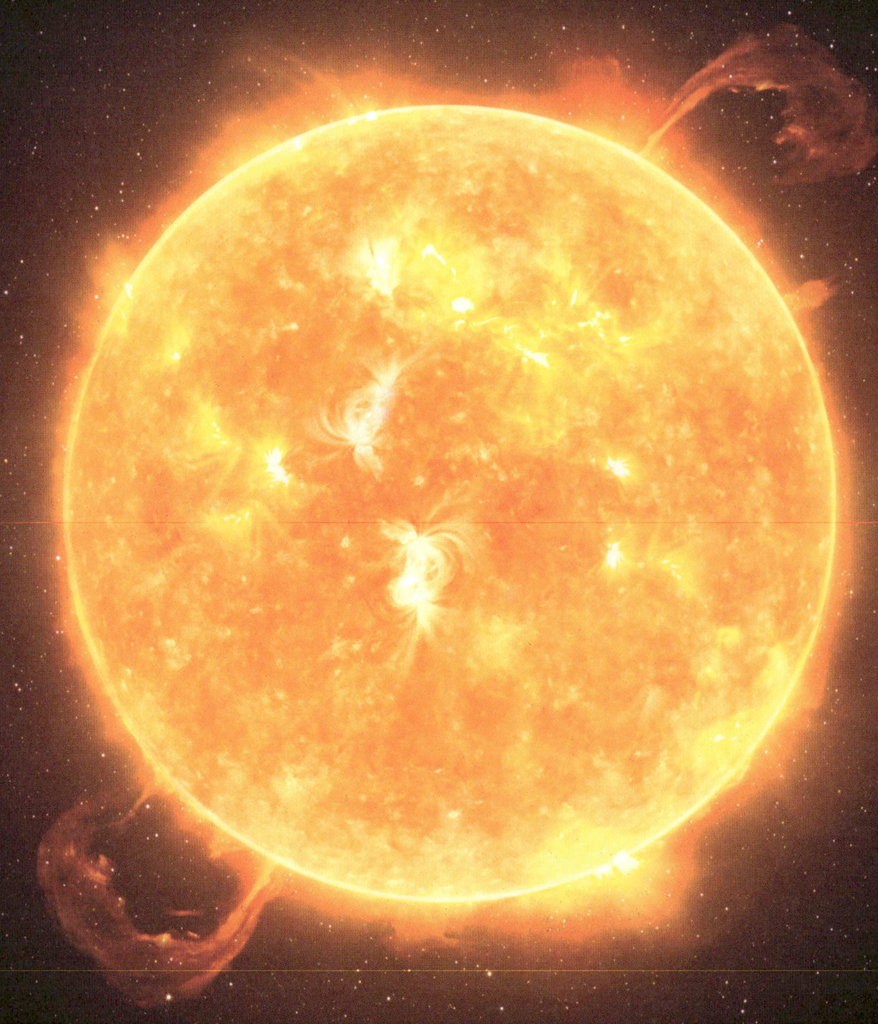

WIE DIE SONNE ENERGIE ERZEUGT

Die Sonne besteht zu drei Vierteln aus Wasserstoff und zu einem Viertel aus Helium. Im Kern findet bei sehr heißen Temperaturen und unter einem sehr hohen Druck eine Kernfusion statt. Dabei verschmelzen vier Wasserstoffkerne zu einem Heliumkern unter Freisetzung von hoher Energie. Pro Sekunde werden 567 Millionen Tonnen Wasserstoff zu 563 Millionen Helium umgewandelt. Die 4 Millionen Tonnen, die dabei verloren gehen, gibt die Sonne als Energie in Form von Licht und Wärme ins Weltall ab. Obwohl die Sonne jede Sekunde 4 Millionen Tonnen leichter wird, hat sie in ihrem bisherigen Alter von 4,5 Milliarden Jahren erst ein Tausendstel an Masse verloren.

WUSSTEST DU, DASS ...

... die Erde über 1 Million Mal in die Sonne passt?
... die Sonne pro Sekunde soviel Energie freisetzt wie bei einer Explosion von 100 Milliarden Tonnen Dynamit?
... dass die Sonnenstrahlen in 8 Minuten die Erde erreichen (Geschwindigkeit: 1,1 Milliarden Stundenkilometer), vorher aber bis zu 1 Million Jahren brauchen, um vom Kern der Sonne an die Oberfläche zu gelangen?
... die Menschen im 18. Jahrhundert dachten, dass die Sonne aus Kohle besteht? Denn Kohle war zu dieser Zeit die Hauptenergiequelle.
... die farbigen Polarlichter durch elektrisch geladene Teilchen entstehen, die die Sonne abgibt? Diesen Strom nennt man Sonnenwind, obwohl wir ihn nicht fühlen können.

SONNENAUFBAU

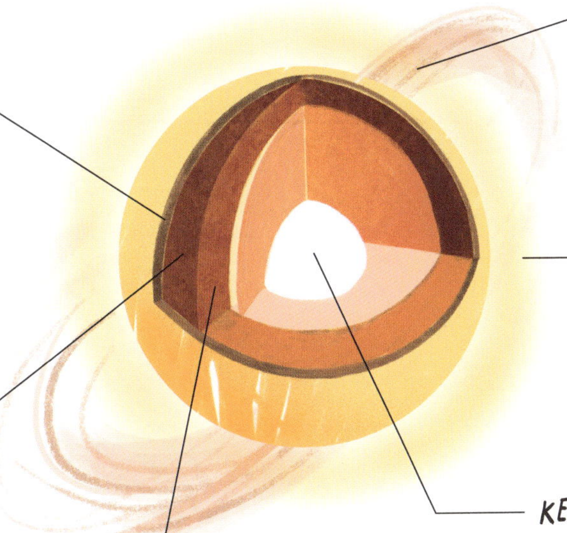

FOTOSPHÄRE
Von der Oberfläche aus gelangt die Energie als Licht und Wärme ins All. Ihre Temperatur liegt bei 5.500 Grad.

PROTUBERANZ
An manchen Stellen ragen sehr heiße Gasfontänen bis zu 1 Millionen Kilometer weit ins All.

KORONA
Die Atmosphäre der Sonne erreicht Temperaturen von bis zu 2 Millionen Grad.

KONVEKTIONSZONE
Wie auf einem Fließband wird das heiße Gas an die Oberfläche transportiert. Das kühle Gas sinkt wieder in die Tiefe.

KERN
Bei 15 Millionen Grad Hitze und unter 250 Milliarden Mal höherem Druck als auf der Erde verschmilzt Wasserstoff zu Helium und erzeugt dabei Energie. Man nennt diesen Vorgang Kernfusion.

STRAHLUNGSZONE
Sie umgibt den Kern und transportiert die dort entstehende Energie in Form von Strahlung weiter nach außen.

SONNENFINSTERNIS

Wenn die Sonne nicht scheint, ist es dunkel. Das erlebt man nachts oder wenn der Himmel voller Wolken hängt. Trotzdem kann es auch tagsüber ganz dunkel werden, obwohl die Sonne noch scheint und der Himmel wolkenfrei ist. Dies geschieht, wenn sich der Mond vor die Sonne schiebt und dabei einen Schatten auf die Erde wirft. Dieses Ereignis nennt man Sonnenfinsternis.

Da sich die Erde und der Mond ständig drehen, fallen die Schatten des Mondes bei Sonnenfinsternissen auf unterschiedliche Länder der Erde. Obwohl es zwei- bis dreimal pro Jahr ein solches Ereignis gibt, ist es nur selten in Deutschland oder in Europa sichtbar. Die Astronomen, die die Sonnenfinsternis erforschen, reisen ständig um die Welt, um vor Ort zu sein. Die nächste totale Sonnenfinsternis, die in Europa sichtbar ist, findet übrigens am 12. August 2026 statt. Die Einwohner Russlands, Grönlands, Islands und der Iberischen Halbinsel dürfen sich schon freuen. In Deutschland kannst du das Spektakel leider erst wieder am 3. September 2081 erleben.

ENTSTEHUNG EINER SONNENFINSTERNIS

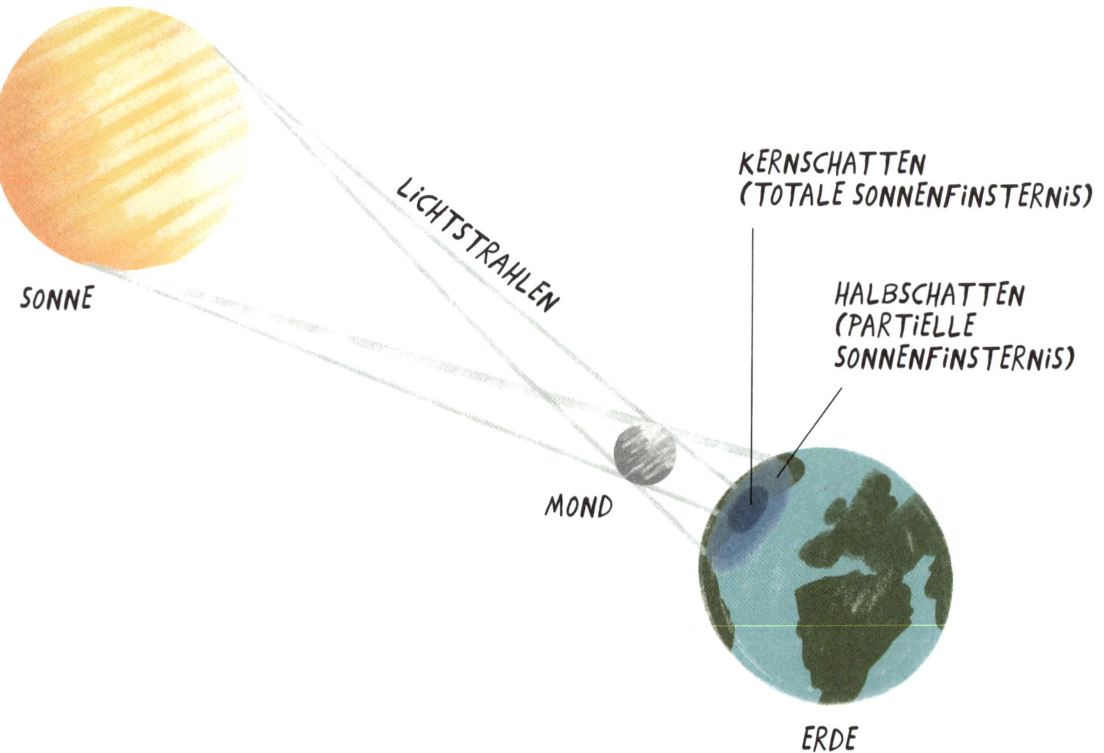

ARTEN DER SONNENFINSTERNIS

Totale Sonnenfinsternis
Der Mond verdeckt die Sonne vollständig. Die Erde liegt an dieser Stelle im Kernschatten. Nur noch die Korona außen herum ist zu sehen.

Ringförmige Sonnenfinsternis
Der Mond verdeckt die Sonne fast vollständig, nur der äußere Rand der Sonne ist sichtbar. Die Korona lässt sich nicht erkennen, da der Sonnenring diese überstrahlt.

Partielle Sonnenfinsternis
Der Mond verdeckt die Sonne nur teilweise, die Erde liegt aus Sicht des Beobachters im Halbschatten.

KURIOSES RUND UM DIE SONNENFINSTERNIS

Als es noch keine wissenschaftliche Erklärung für das Verschwinden der Sonne gab, haben sich die Menschen ihre eigenen Theorien entwickelt:

- In Nordamerika fürchteten Indianer, dass die Sonne erlöschen würde und schossen brennende Pfeile gegen den Himmel, um sie wieder anzuzünden.
- In Brasilien glaubten verschiedene Völker, dass ein großer Vogel die Sonne mit seinen Flügeln verdeckt.
- In China glaubten die Menschen, dass ein fürchterlicher Drache mit blitzenden Augen die Sonne verschlingt. Mit lautem Getöse versuchten sie, ihn davon abzuhalten.
- In Japan wurden Brunnen abgedeckt, da man glaubte, dass das Wasser bei einer Sonnenfinsternis vergiftet wird.
- In Afrika flüchteten sich viele Bewohner in ihre Hütten und versuchten, mit ohrenbetäubendem Lärm den Dämon der Dunkelheit zu vertreiben.

Neben all dem Schrecken hatte eine Sonnenfinsternis allerdings auch ihr Gutes:

Im 6. Jahrhundert vor Christus lagen die Meder mit den Lydern im Krieg und kämpften in Kleinasien (jetzige Türkei) ihre entscheidende Schlacht. Als plötzlich eine Sonnenfinsternis eintrat, beendeten die Völker den Kampf und schlossen Frieden.

EIN STERNENLEBEN

Die Energie aus dem Inneren der Sonne ermöglicht es uns, auf der Erde zu leben. Sie versorgt uns mit Wärme und Licht. Allerdings läuft die Kernfusion in unserem Stern nicht ewig, sie wird irgendwann erlöschen. Vorher wird er sich aber noch aufblähen und weiter aufheizen.

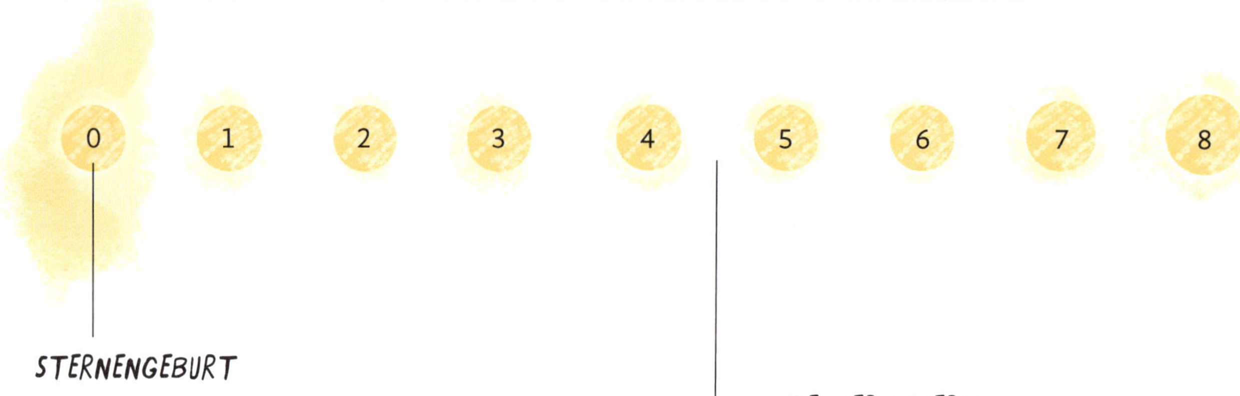

STERNENGEBURT

Nach dem Urknall schweben im Universum Wolken aus Wasserstoff, Helium und Staub. Diese drehen sich schnell umeinander und fallen dabei zusammen. Die Staubkörnchen bilden Brocken und verklumpen mit der Zeit zu einem riesigen Gasball. Im Kern steigt die Temperatur auf 10 Millionen Grad an, wodurch die Kernfusion entfacht wird, die Wasserstoffkerne zu Helium verschmilzt und dadurch Energie erzeugt.

GELBER ZWERG

4,5 Milliarden Jahre nach dem Urknall befindet sich die Sonne heute in einem ausgeglichenen Zustand, sie strahlt gleichmäßig ins Universum. Sie gehört der Gruppe der „Gelben Zwerge“" an.

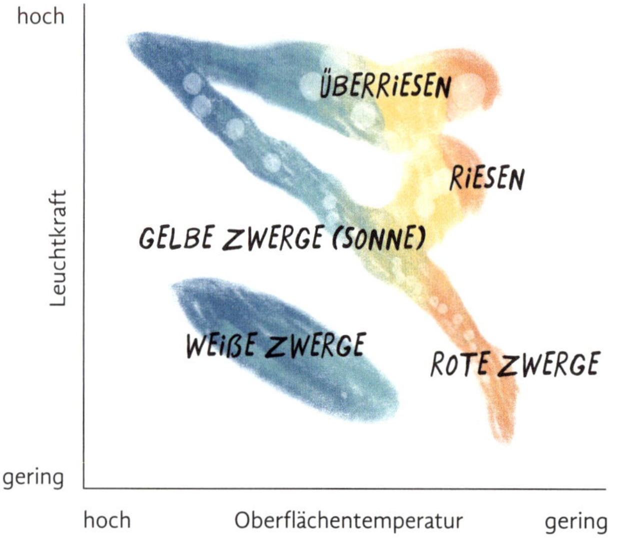

HERTZSPRUNG-RUSSEL-DIAGRAMM

Der amerikanische Forscher Henry Norris Russel hat dieses Diagramm entwickelt. Dabei hat er auf den Arbeiten des dänischen Astronomen Ejnar Hertzsprung aufgebaut. Russel hat die entdeckten Sterne nach Leuchtkraft und Temperatur eingeteilt und in ein Diagramm eingetragen. Im Vergleich bilden sie Gruppen unterschiedlicher Größe: Zwerge, Riesen und Überriesen. Aus dem Diagramm kann man Regeln ableiten: Große Sterne leuchten stärker als kleine. Kältere Sterne leuchten rot, heißere bläulich-weiß. Das Diagramm ermöglicht es, die Entwicklung von Sternen von der Geburt bis zum Tod nachzuvollziehen.

ROTER RIESE

In etwa 5 Milliarden Jahren geht im Kern der Sonne der Wasserstoffvorrat aus und die Kernreaktion verlagert sich auf die Schale. Der Stern bläht sich auf einen Durchmesser von über 150 Millionen Kilometern aus, bis er über die Umlaufbahn der Erde hinausreicht. Bevor dies geschieht, steigt die Temperatur im Kern bis auf 100 Millionen Grad an. Die Erde heizt sich auf über 1.000 Grad auf, sodass die Meere, Seen und Flüsse verdampfen. Ein Leben ist nicht mehr möglich. Durch den stark zunehmenden Umfang, fällt die Oberflächentemperatur und lässt die Sonne rot leuchten.

PLANETARER NEBEL

Der Druck und die Temperatur im Kern der Sonne steigen weiter an und führen dazu, dass der Heliumkern erst zu Kohlenstoff und dann zu Sauerstoff verschmilzt. Dies führt zu einem Pulsieren des Sterns: mal wird er größer, mal kleiner. Schließlich stößt der Kern seine Gashülle ins All ab. Sie wird vom Licht des Kerns angestrahlt und erscheint als Nebel, aus dem übrigens wieder neue Sterne entstehen können.

WEIßER ZWERG

Da der Sonnenkern keine Energie mehr erzeugt, kühlt er langsam ab und verliert seine Leuchtkraft. In etwa 9,5 Milliarden Jahren wird die Sonne etwa die Größe der Erde erreicht haben. Im Vergleich: Heute ist die Sonne fast 1,3 Millionen Mal größer im Volumen als die Erde!

WIR SIND AUS STERNENSTAUB

Der Stoff, aus dem das Leben ist ... Es gibt nicht nur den einen Stoff, aus dem wir bestehen, sondern viele unterschiedliche. Aber wo kommen die her? Und wie kommen sie in unseren Körper? Oder sind wir doch aus Sternenstaub gemacht?

Lange bevor die Menschen die Erde bevölkert haben und lange bevor die Erde entstanden ist und lange bevor sich das Universum gebildet hat, hat es mächtig geknallt. Beim Urknall hat sich **Wasserstoff (H)** gebildet. Er macht 9 Prozent der Masse unseres Körpers aus.

Später sind aus dem Wasserstoff und weiteren Substanzen Sterne entstanden. In ihrem Innern erzeugen sie unter anderem **Sauerstoff (O)**, das bei Sternexplosionen frei wurde. Über die Hälfte unseres Körpers (56 Prozent) besteht aus Sauerstoff, das meiste gebunden in Form von Wasser (H_2O). Auch **Kohlenstoff (C)** wird von Sternen produziert – zu 28 Prozent bestehen auch wir daraus.

Zusammengerechnet kommt man alleine mit diesen drei Stoffen auf einen Anteil von 93 Prozent kosmischen Materials in unserem Körper. Kein Wunder, denn unsere Erde wurde aus übrig gebliebenen Teilen explodierter Sterne geformt. Und wir als Kinder der Erde können stolz behaupten: „Wir sind aus Sternenstaub gemacht!"

Schau dir anhand von Julius an, wo die restlichen 7 Prozent des Sternenstaubs in deinem Körper stecken.

Schwefel (S) und **Zink (Zn)** stecken in unseren Haaren.

Chlor (Cl) steckt in unserem Gehirn.

Fluor (F) steckt in unseren Zähnen.

Iod (I) und **Selen (Se)** stecken in unserer Schilddrüse.

Eisen (Fe) und **Natrium (Na)** stecken in unserem Blut.

Kalium (K) und **Stickstoff (N)** stecken in unserer Muskulatur.

Phosphor (P), Calcium (CA) und **Magnesium (Mg)** stecken in unseren Knochen.

Schwefel (S) steckt in unseren Finger- und Fußnägeln.

STERNENSTAUB IN UNSEREM KÖRPER

DAS LUPENEXPERIMENT

Dass die Sonnenstrahlen ganz schön heiß werden können, weiß Julius von seinem letzten Sommerurlaub. Da hat er sich die Haut verbrannt und musste sich in den folgenden Tagen im Strandkorb vor der Sonne schützen.

Immer wieder hört man im Sommer von Waldbränden, die durch herumliegende Glasscherben ausgelöst wurden. Wie aus der Sonnenkraft ein Feuer entstehen kann, zeigen Julius und sein Freund Georg dir in einem Experiment. Damit es klappt, solltest du es mittags an einem heißen Sommertag ausprobieren. Führe das Experiment nur unter Aufsicht von Erwachsenen durch.

Zerknülle ein Blatt Papier zu einer Kugel und lege sie draußen auf einen Stein- oder Sandboden, der weder Feuer fangen noch beschädigt werden kann.

Halte eine Lupe so ins Sonnenlicht, dass auf dem Papier ein kleiner, heller Lichtfleck entsteht.

Nun brauchst du eine ruhige Hand. Nach einer Weile fängt das Papier an zu qualmen.

Wenn die Papierkugel brennt, hat das Lupenexperiment geklappt.

WAS BEWIRKT DIE LUPE?

Die Sonnenstrahlen erreichen uns gradlinig so wie die Wasserstrahlen aus der Duschbrause. Die Sonne verteilt ihre Energie gleichmäßig. Wenn die Strahlen durch die Lupe scheinen, wird ihre Richtung verändert, ihre Strahlen bündeln sich in einem Punkt. Dies geschieht, da das Glas der Lupe nach außen gewölbt ist. Schematisch sieht das so aus:

DER HEIßESTE ORT DER WELT ...

... ist die Wüste Dascht-e Lut. Sie befindet sich im Südosten des Irans und misst Höchsttemperaturen von über 70 Grad. Die Sonne steht das ganze Jahr fast senkrecht über dem Gebiet und schickt fünfmal mehr Energie dorthin als an den Nord- und Südpol.

Die Stelle, an der die Strahlen zusammenkommen, nennt man Brennpunkt. Er liegt als kleiner Lichtfleck auf dem Papier. Hier ist es am heißesten, weil sich darin die Energie aller Strahlen bündelt. Je nach Stärke der Sonne erzeugst du im Brennpunkt eine Hitze von über 200 Grad. Sollte das Schreibpapier nicht zünden, verwende Zeitungspapier. Das fängt bei 175 Grad an zu brennen.

WENN'S NICHT KLAPPT, LUPE ANDERS HALTEN!

DIE LUPE IST ZU WEIT VOM PAPIER ENTFERNT.

Die Sonnenstrahlen treffen sich zwar im Brennpunkt, laufen dann aber wieder auseinander. Der Lichtfleck ist zu groß.

DIE LUPE IST ZU NAH AM PAPIER.

Die Sonnenstrahlen konnten sich noch nicht im Brennpunkt bündeln. Der Lichtfleck ist zu groß.

DIY BRILLE FÜR SONNENFINSTERNIS

Mit dieser Brille bist du auf die nächste Sonnenfinsternis bestens vorbereitet. Achte darauf, dass du eine Sonnenschutzfolie mit einem hohen UV-Schutz verwendest und die Brille optimal sitzt.

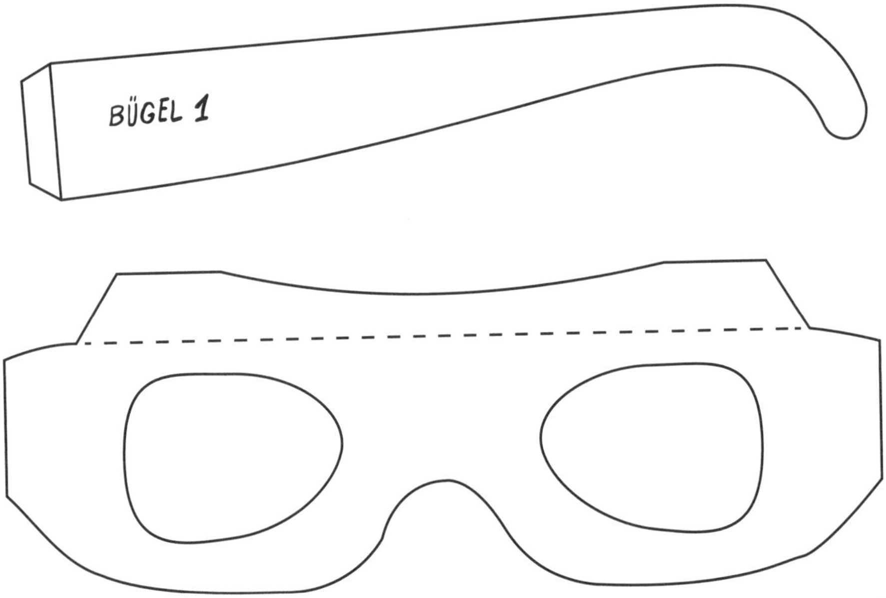

BÜGEL 1

DU BRAUCHST:

1 dickes DIN-A4-Blatt zum Basteln (300 g/m²), 1 normales DIN-A4-Blatt, CE-zertifizierte Sonnenschutzfolie (20 × 10 Zentimeter), Schere, Kleber

BÜGEL 2

Kopiere die Schablone auf ein Blatt Papier und klebe es auf den Bastelbogen.

Schneide die drei Formen mit einer Schere aus.

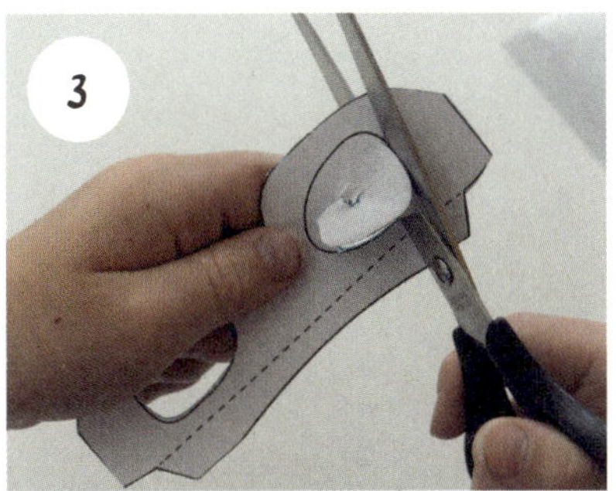

Bei den Augenlöchern achte darauf, das Gestell nicht zu durchschneiden.

Passt das Gestell? Falls nicht, verändere die Augenlöcher oder den Nasensteg.

Bestreiche die Rückseite des Gestells mit Kleber.

Lege die Schutzfolie auf das Gestell und klebe sie fest.

Schneide die überschüssige Folie um das Gestell herum ab.

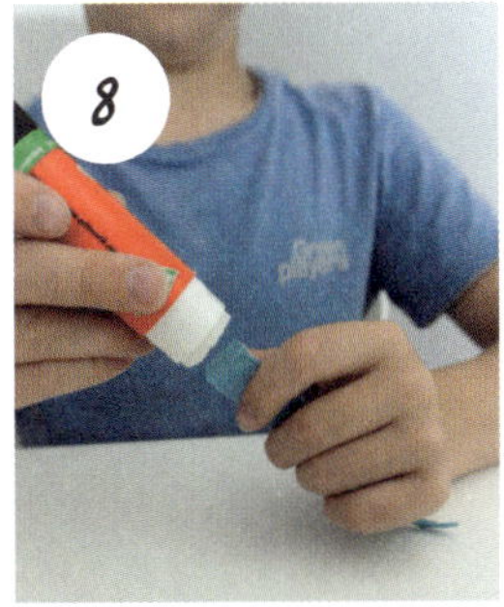

Klebe die beiden Bügel an die Außenseiten des Gestells.

Die Klebestellen festdrücken und die Bügel im 90-Grad-Winkel einknicken.

WICHTIGER HINWEIS:

Schaue niemals ohne Brille direkt in die Sonne. Die Strahlen sind stark und könnten deine Augen verletzen. Sei vorsichtig mit deiner selbst gebastelten Brille und prüfe, ob sie Löcher oder Risse hat, bevor du sie aufsetzt. Solltest du unsicher sein, wende dich an einen Erwachsenen.

UNSERE ERDE – DER WOHLFÜHLPLANET

Die Erde ist der einzige Planet im Sonnensystem, auf dem wir leben können. Das liegt an drei Faktoren: Sonne, Wasser und Atmosphäre. Die Erde umkreist die Sonne in optimaler Entfernung, sodass es bei uns nicht zu heiß und nicht zu kalt wird.

Es gibt ausreichend Wasser, das wir zum Leben brauchen. 71 Prozent der Erde sind mit Meeren, Seen, Flüssen, Gletschern und Eismassen bedeckt. Schließlich verfügt die Erde über die richtige Anziehungskraft, eine eigene, gasförmige Hülle festzuhalten. Diese Atmosphäre besteht zu einem Fünftel aus dem lebensnotwendigen Sauerstoff, schützt uns vor den schädlichen UV-Strahlen der Sonne, speichert die Wärme auf der Erdoberfläche und reguliert den Wasserkreislauf von Verdunstung, Wolkenbildung und Niederschlag.

Das heutige Leben haben wir den Cyanobakterien (Blaualgen) zu verdanken. Vor 2,3 Milliarden Jahren begannen diese Mikroorganismen, mit der Energie aus dem Sonnenlicht Wasser in seine Bestandteile zu zerlegen, also in Wasserstoff und Sauerstoff. Dadurch war die Entwicklung von Tieren erst möglich, zum Beispiel für die Rippenquallen (vor 550 Millionen Jahren), die Quastenflosser (vor 360 Millionen Jahren), die Dinosaurier (vor 230 Millionen Jahren) und schließlich für die Menschen (Homo sapiens, vor 200.000 Jahren).

SPRUNG-WELTREKORD

Der US-amerikanische Manager Robert Alan Eustace stieg am 24. Oktober 2014 mit einem Heliumballon auf die Höhe von 41.419 Metern und sprang mit Schutzanzug und Fallschirm in die Tiefe. Dabei erreichte er eine Geschwindigkeit von 1.323 Stundenkilometer und durchbrach die Schallmauer. Damit brach er den zwei Jahre zuvor vom Extremsportler Felix Baumgartner aufgestellten Rekord, der aus 38.969 Metern Höhe in die Tiefe sprang.

ERDATMOSPHÄRE

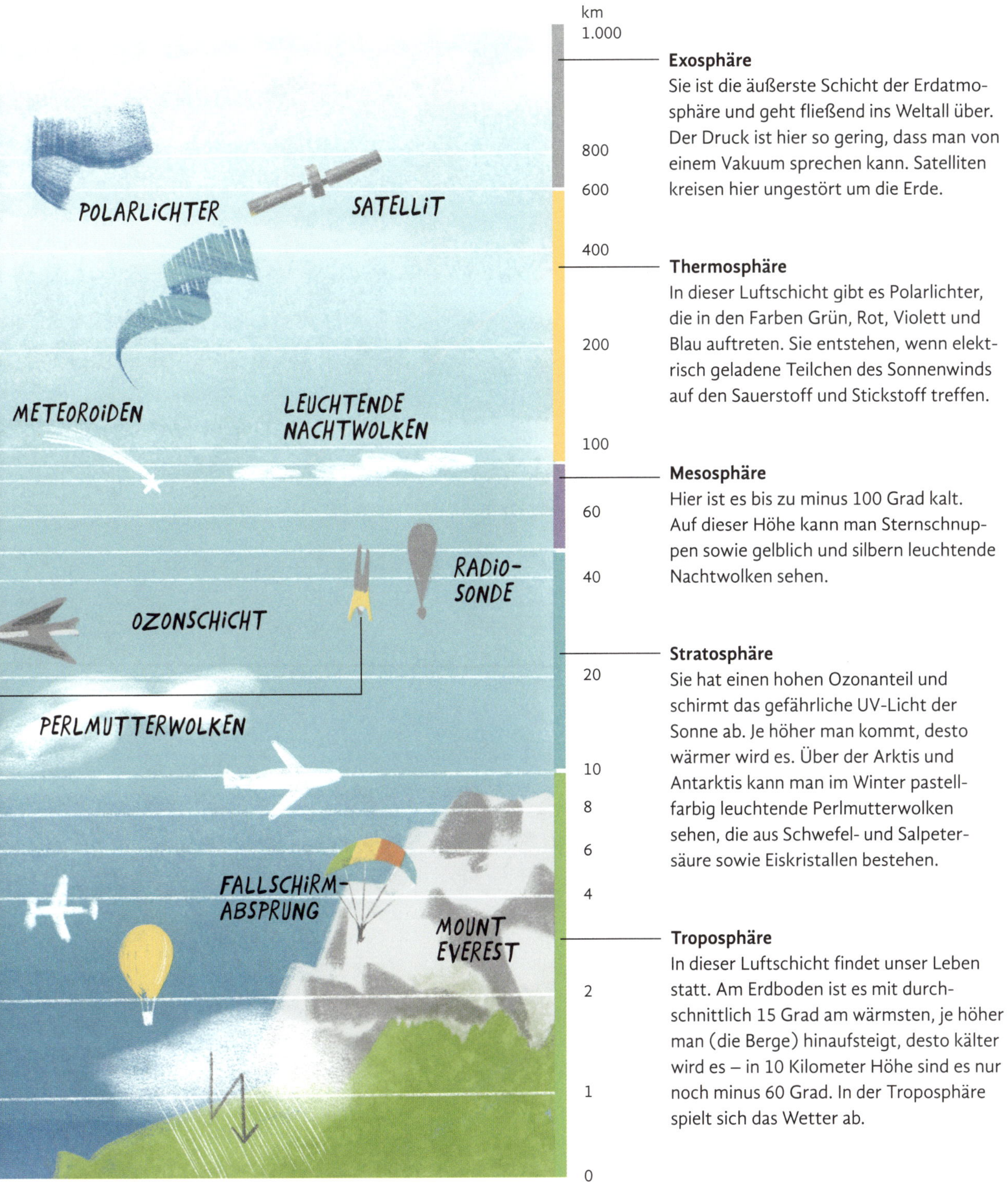

Exosphäre
Sie ist die äußerste Schicht der Erdatmosphäre und geht fließend ins Weltall über. Der Druck ist hier so gering, dass man von einem Vakuum sprechen kann. Satelliten kreisen hier ungestört um die Erde.

Thermosphäre
In dieser Luftschicht gibt es Polarlichter, die in den Farben Grün, Rot, Violett und Blau auftreten. Sie entstehen, wenn elektrisch geladene Teilchen des Sonnenwinds auf den Sauerstoff und Stickstoff treffen.

Mesosphäre
Hier ist es bis zu minus 100 Grad kalt. Auf dieser Höhe kann man Sternschnuppen sowie gelblich und silbern leuchtende Nachtwolken sehen.

Stratosphäre
Sie hat einen hohen Ozonanteil und schirmt das gefährliche UV-Licht der Sonne ab. Je höher man kommt, desto wärmer wird es. Über der Arktis und Antarktis kann man im Winter pastellfarbig leuchtende Perlmutterwolken sehen, die aus Schwefel- und Salpetersäure sowie Eiskristallen bestehen.

Troposphäre
In dieser Luftschicht findet unser Leben statt. Am Erdboden ist es mit durchschnittlich 15 Grad am wärmsten, je höher man (die Berge) hinaufsteigt, desto kälter wird es – in 10 Kilometer Höhe sind es nur noch minus 60 Grad. In der Troposphäre spielt sich das Wetter ab.

STÄNDIG IN BEWEGUNG

Die Erde dreht sich unaufhaltsam. Einerseits um die eigene Achse (das nennt man Erdrotation) und anderseits um die Sonne (Erdrevolution). Beide Umdrehungen haben einen Einfluss auf uns. Bei der Erdrotation wechseln sich Tag und Nacht ab, bei der Erdrevolution die Jahreszeiten.

ERDROTATION

Kennst du den Spruch „Im Osten geht die Sonne auf, im Süden ist ihr Mittagslauf, im Westen wird sie untergehen, im Norden ist sie nie zu sehen"? Die Menschen auf der Erdnordhalbkugel nehmen das so wahr, allerdings bewegt sich die Sonne nicht, sondern die Erde dreht sich um sich selbst. Und zwar nach Osten, also vom All aus betrachtet entgegen dem Uhrzeigersinn. Die Erde braucht für eine Umdrehung 24 Stunden, also einen Tag.

Morgens drehen wir uns zur Sonne hin und abends wieder weg. Die Länder, die der Sonne zugewandt sind, befinden sich im Tag, und die Länder, die von der Sonne abgewandt sind, in der Nacht. Schau dir das auf einem Globus mal genauer an. Wenn du zum Beispiel Spanien wählst, mit einer Stricknadel dort in den Globus einstechen würdest, diese durch den Erdmittelpunkt führst, kämst du an der gegenüberliegenden Seite in Neuseeland wieder heraus. Diese beiden Länder liegen sich auf dem Erdball gegenüber. Wenn die Spanier schon Siesta (Mittagspause) feiern, schlafen die Neuseeländer noch tief und fest.

Auch wenn wir das nicht wahrnehmen, dreht sich die Erde am Äquator in einer hoher Geschwindigkeit von 1.670 Stundenkilometer. Wir spüren diese „Karussellfahrt" nicht, da sich alles um uns herum mit dreht. Du kannst es mit einer Fahrt im Flugzeug vergleichen, wenn du draußen nur den blauen Himmel siehst.

ERDREVOLUTION

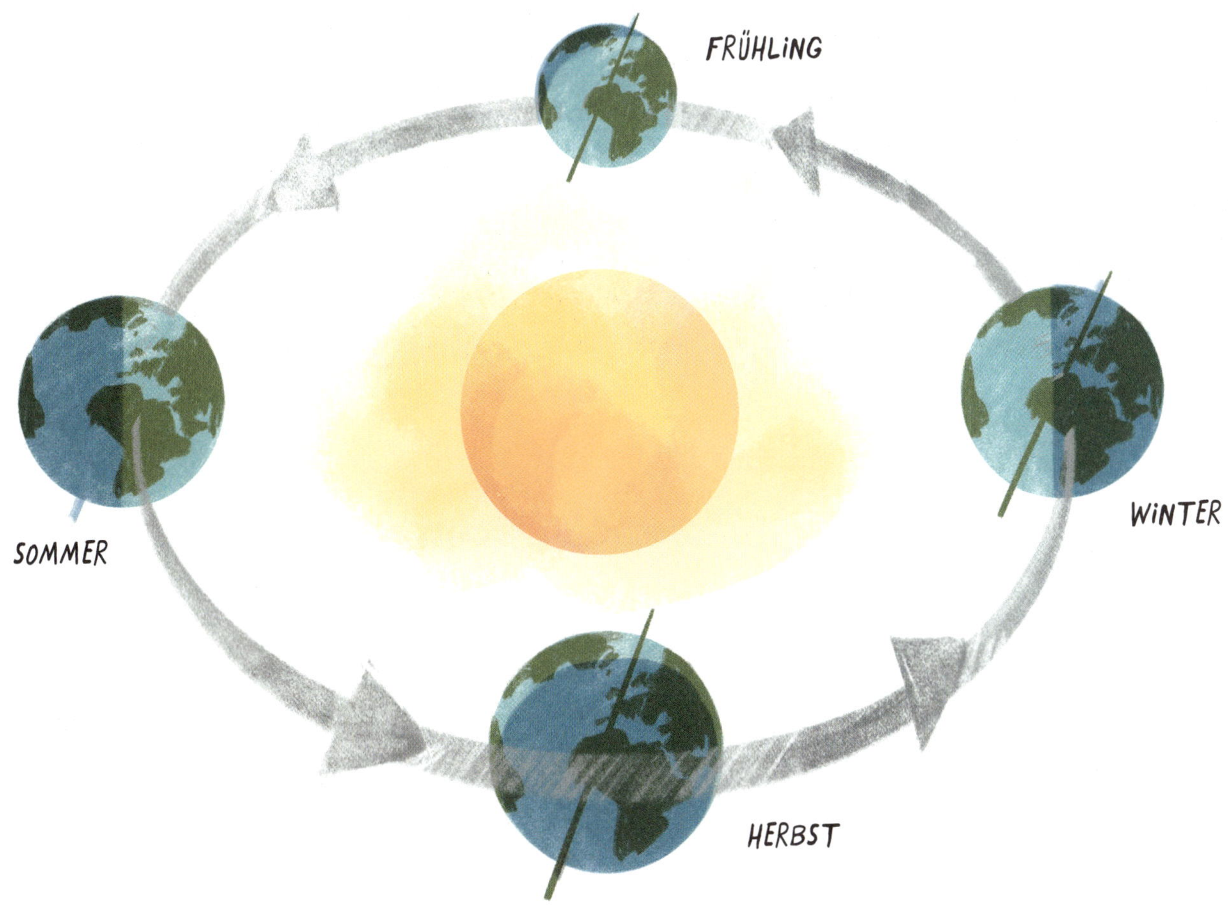

Der Lauf der Erde um die Sonne dauert 365 Tage und sechs Stunden. Alle vier Jahre sammelt sich ein weiterer Tag an (4 × 6 = 24 Stunden), den wir als 29. Februar in einem Schaltjahr wahrnehmen.

Auf der Reise um die Sonne muss die Erde 940 Millionen Kilometer zurücklegen. Dabei trödelt sie nicht, sondern rast in einer unvorstellbaren Geschwindigkeit von 107.000 Stundenkilometer durchs All. Wie bei der Erdrotation dreht sich die Erde von Norden im All aus betrachtet gegen den Uhrzeigersinn um die Sonne.

Je nachdem, wo sich die Erde auf ihrer Umlaufbahn befindet, werden die einzelnen Erdteile unterschiedlich stark angestrahlt. Und da die Rotationsachse der Erde um etwa 23 Grad gekippt ist, erreichen die Sonnenstrahlen sie jeweils in einem anderen Winkel. Im Sommer neigt sich die Nordhalbkugel zur Sonne hin, diese scheint länger und es ist wärmer. Im Winter ist der Winkel der Sonneneinstrahlung auf der Nordhalbkugel flacher, die Sonne scheint kürzer und es ist kälter. Die Erdrevolution bestimmt damit unsere Jahreszeiten.

DER MOND

MIT EINEM GESICHT AUS BERGEN, MEEREN, KRATERN UND RILLEN

Mond und Erde bilden ein Doppelplanetensystem. Der Mond umkreist die Erde einmal im Monat, dabei dreht er sich genauso schnell um sich selbst wie um die Erde. Das ist der Grund, weshalb wir den Mond immer von derselben Seite sehen. Um auch die andere Mondseite zu erforschen, wurden Raumsonden in die Umlaufbahn des Mondes gebracht.

ENTSTEHUNG DES MONDES

Ein Wunder, dass die Erde damals nicht zerstört wurde. Die Erde war gerade mal 50 Millionen Jahre alt, als der Planet Theia – in etwa so groß wie der Mars – ihre Umlaufbahn kreuzte und mit ihr zusammenstieß. Die Kollision verlief jedoch nicht frontal, sondern Theia streifte die Erde nur. Dabei wurden große Mengen von Gestein ins All geschleudert. Diese Trümmer begannen sich zu drehen und zu verklumpen. Das Ergebnis ist unser Mond.

WUSSTEST DU, DASS ...

... der Mond nicht selbst leuchtet, sondern nur das Sonnenlicht reflektiert?

... es eine optische Täuschung ist, wenn uns der Mond am Horizont größer erscheint als hoch am Himmel.

... es 400 Stunden dauern würde, wenn ein Flugzeug die 384.400 Kilometer bis zum Mond fliegen würde? Allerdings gibt es da ein paar Schwierigkeiten: die Tragflächen hätten keine Luft, die Triebwerke keinen Sauerstoff und der Flieger wäre nicht schnell genug, um die Schwerkraft der Erde zu überwinden.

... ein Mann auf dem Mond begraben liegt? Es handelt sich um den Wissenschaftler Gene Shoemaker, der den Astronauten erklärt hat, wie man Gesteine bestimmt. Nach seinem Tod nahm die Raumsonde „Lunar Prospector" seine Asche mit zum Mond.

... es bald für jeden die Möglichkeit gibt, zum Mond zu fliegen? Private Raumfahrtunternehmen bieten solche Ausflüge an. Die Ticketpreise liegen allerdings bei über 200.000 Euro.

ERFORSCHUNG DES MONDES

Schon mit bloßem Auge erkennst du die Oberfläche des Mondes. Sie besteht aus hellen Flächen (Hochebenen) und dunklen Flecken (Meere). Die Meere sind durch riesige Meteoroiden entstanden, die aufgrund der fehlenden Atmosphäre auf dem Mond ungehindert einschlagen konnten.

Die Oberfläche des Mondes ist mit Staub bedeckt, einem Überbleibsel der Meteoroiden, die sich im Laufe der Zeit pulverisiert haben. Deshalb sieht der Mond aschgrau aus.

Mit einem Teleskop kannst du vor allem auf den Hochebenen zahlreiche Krater beobachten, gut zu erkennen an den Schatten, die ihre Ränder werfen. Alleine auf der uns zugewandten Seite gibt es über 300.000 Krater mit Durchmessern von 1 bis 2.000 Kilometer.

Ebenfalls charakteristisch auf der Oberfläche sind Rillen, die bis zu Hunderte von Kilometern lang, mehrere Kilometer breit und bis zu 400 Meter tief sein können. Die Rillen sind in der Frühzeit des Mondes entstanden, als es noch aktive Vulkane auf ihm gab. Einerseits handelt es sich um ausgekühlte Lavaflüsse, andererseits um Schrumpfungsrisse, die sich in der erkaltenden Lava gebildet haben.

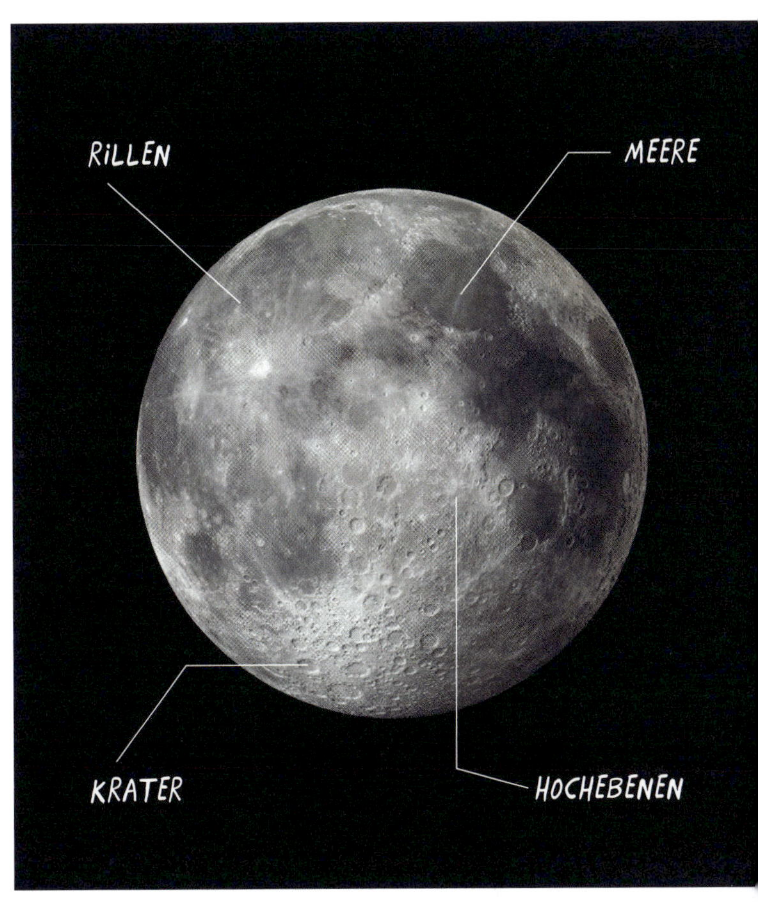

WIE VIELE MONDE GIBT ES?

Bisher sind 205 Monde als Begleiter der Planeten in unserem Sonnensystem entdeckt worden. Merkur und Venus haben keine, dafür umkreisen den Saturn alleine 82 Monde. Die Monde unterscheiden sich stark voneinander. So ist der kleinste Saturnmond gerade mal 300 Meter breit, der größte Mond des Jupiters kommt dagegen auf einen Durchmesser von 5.262 Kilometer. Unser Mond schafft es mit seinem Ausmaß von 3.476 Kilometern immerhin auf Platz 5 im Sonnensystem.

Auch sonst ist unser Mond etwas ganz Besonderes. Er ist im Verhältnis zur Erde riesig, wenn man ihn mit den anderen Monden vergleicht. Und er kommt der Erde viel näher als die anderen Monde bei den Umrundungen ihrer Planeten. Deshalb ist sein Einfluss auf die Erde auch viel größer als bei anderen Planet-Mond-Systemen. Nicht zu vergessen, er ist auch der einzige Mond, der bisher von Menschen betreten wurde.

Neben den Planetenmonden gibt es übrigens auch noch jede Menge Begleiter, die um Zwergplaneten und Asteroiden kreisen.

DIE MONDPHASEN

Der Mond umkreist die Sonne einmal im Monat und zeigt sich jeden Tag anders. Dabei wechselt er nicht seine Gestalt, sondern wird unterschiedlich von der Sonne angestrahlt. Da wir auf der Erde nur die erleuchtete Fläche des Mondes sehen, nimmt er für uns entweder täglich zu oder ab. Dies geschieht regelmäßig in derselben Reihenfolge, in sogenannten Mondphasen.

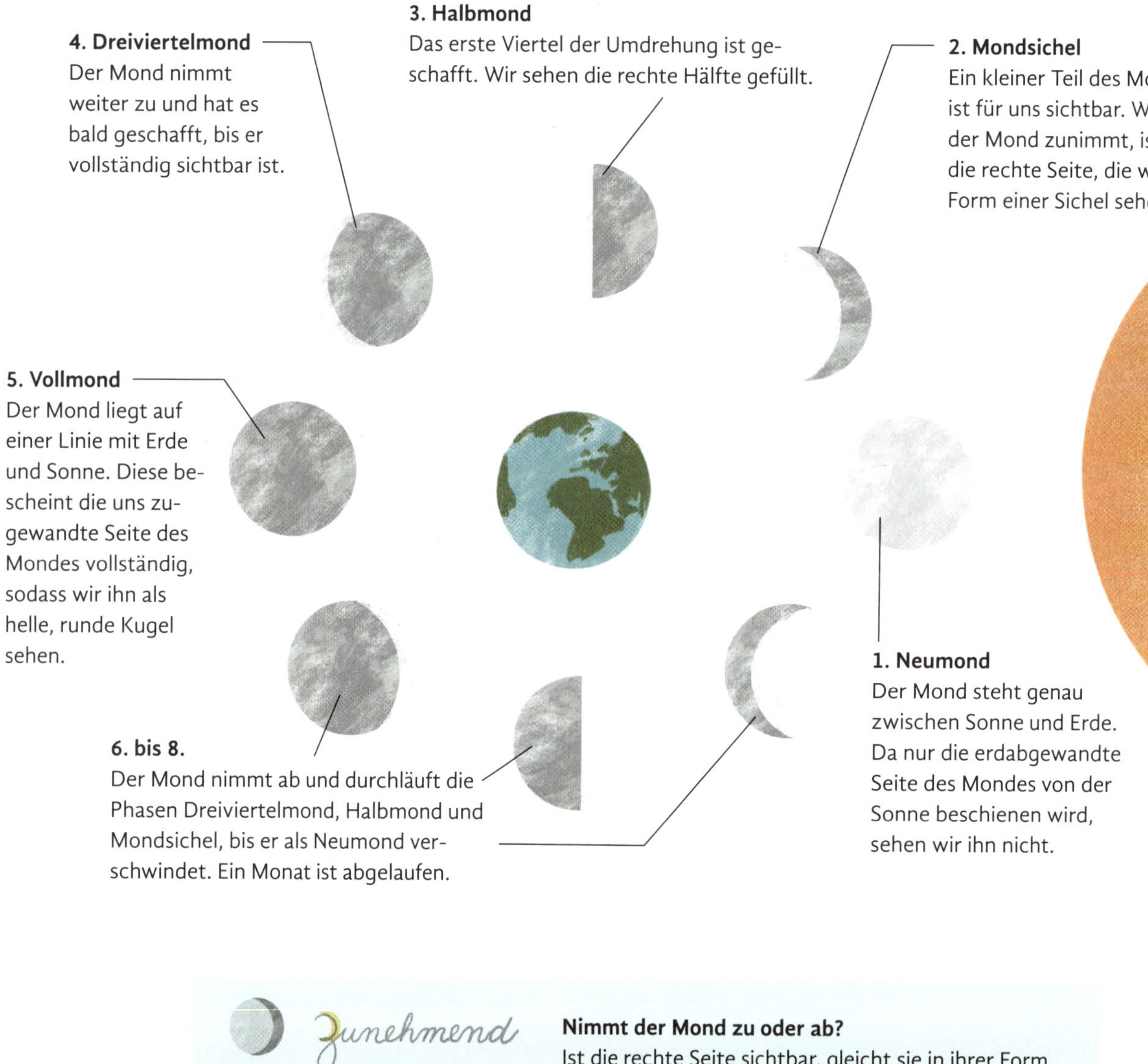

Zunehmend

Abnehmend

Nimmt der Mond zu oder ab?
Ist die rechte Seite sichtbar, gleicht sie in ihrer Form dem altdeutschen Buchstaben Z (Mond nimmt zu); bei der linken Seite ist es das A (Mond nimmt ab).

ENTSTEHUNG EINER MONDFINSTERNIS

PARTIELLE MONDFINSTERNIS

Halbschatten

SONNE

ERDE

Kernschatten

MOND

Halbschatten

TOTALE MONDFINSTERNIS

PARTIELLE MONDFINSTERNIS

Wenn der Vollmond auf einer Linie mit Sonne und Erde liegt, also von der Erde aus gesehen sich Sonne und Mond genau gegenüberliegen, tritt eine Mondfinsternis ein. Je nach Position unterscheidet man Kernschatten und Halbschatten. Jährlich finden bis zu vier Mondfinsternisse statt.

ARTEN DER MONDFINSTERNIS

Totale Mondfinsternis
Der Mond durchquert den Kernschatten der Erde und wird von der Sonne nicht mehr direkt angestrahlt. Er schimmert rot, weil die Sonnenstrahlen durch die Erdatmosphäre zu ihm umgeleitet werden.

Partielle Mondfinsternis
Der Mond liegt im Halbschatten der Erde und wird nur noch zum Teil von der Sonne angestrahlt. Für uns ist der Mond deswegen teilweise (partiell) nicht mehr sichtbar.

DIE KRAFT DES MONDES

Aufgrund der engen Bindung von Erde und Mond (Doppelplanetensystem) beeinflussen sich die beiden Himmelskörper stark. Dank der Gravitationskraft des Mondes dreht sich unsere Erde in gleichmäßigen Bahnen. Sie stabilisiert die Erdachse, die konstant um 23 Grad geneigt ist. Ohne den Mond würde sich die Achse innerhalb von Jahrmilliarden bis auf einen Winkel von 85 Grad neigen, wodurch ein halbes Jahr lang die Nordhalbkugel der Sonne zugewandt wäre und ein halbes Jahr die Südhalbkugel. Das Klima würde sich drastisch ändern – zum Beispiel würden aus Wälder Wüsten und aus dem Polargebiet ein tropischer Regenwald – und mit ihm die Tier- und Pflanzenwelt.

Wusstest du, dass der Mond auch für Ebbe und Flut verantwortlich ist? Und er mehr als 600 Tierarten in ihrem Verhalten beeinflusst? Julius hat einige Beispiele für dich herausgesucht.

DIE GEZEITEN

Alle sechs Stunden und zwölf Minuten wechseln sich Ebbe und Flut ab, das Meer verschwindet an der Küste und kommt zurück. Das Wasser wird vom Mond angezogen.

Flut: Während sich der Mond um die Erde dreht, bringt er durch seine Anziehungskraft das Wasser in Bewegung. Es entsteht ein Flutberg, den er wie ein Magnet hinter sich herzieht. Da sich die Erde auch um sich selbst dreht, und zwar schneller als der Mond, setzt sie den Flutberg in Bewegung und drückt ihn an die Küsten. Das Wasser läuft auf die Küste zu.

Ebbe: Auf der gegenüberliegenden Seite der Erde ist die Kraft des Mondes nicht mehr so stark. Hier sorgen die Fliehkräfte der Erde für einen zweiten Flutberg, der das Wasser in die andere Richtung bewegt – wie bei einer Umdrehung im Karussell. Zwischen den beiden Flutbergen ist Ebbe. Das Wasser läuft von der Küste wieder ab.

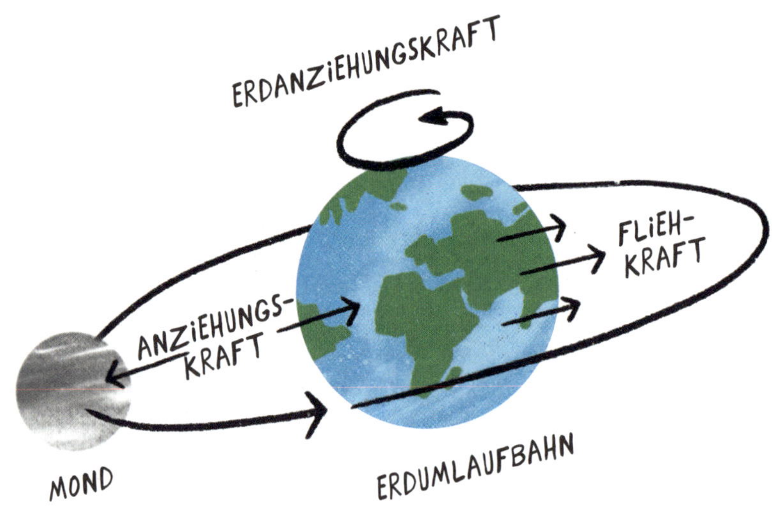

SCHLAFLOS BEI VOLLMOND?

Dass wir bei Vollmond schlechter schlafen als bei den anderen Mondphasen, ist nicht erwiesen.
Eine Erklärung für diesen Irrglauben ist, dass wir einen Vollmond eher wahrnehmen als eine Mondsichel, wenn wir mal nachts aufwachen.

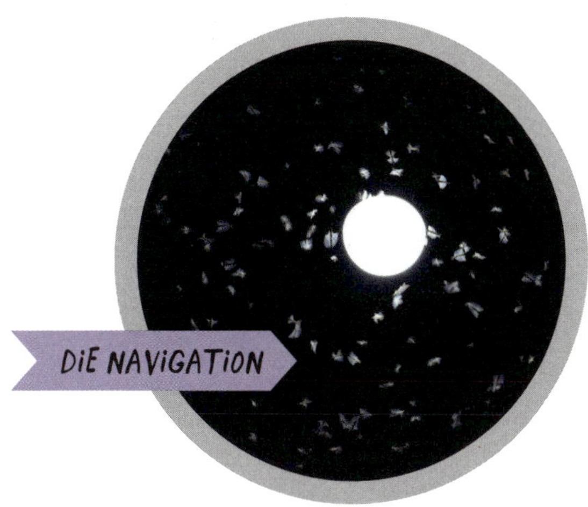

DIE NAVIGATION

DIE JAGD

Mistkäfer navigieren nachts anhand der Position des Mondes oder, wenn dieser nicht sichtbar ist, anhand der Milchstraße. Dabei achten sie darauf, dass sich die Lichtquelle immer im selben Winkel zu ihrer eigenen Position befindet, so kommen sie auf geradem Weg vorwärts. Auch Motten machen das so. Was draußen im Wald funktioniert, wird in der Stadt zur Herausforderung. Geraten sie in die Nähe von Lampen, verschiebt sich der Navigationspunkt, sie flattern umher und landen schließlich in der Lampe.

Wenn die Zugvögel im Herbst gen Süden ziehen, orientieren sie sich auf dem langen Flug nach Südeuropa und Afrika vor allem an dem Magnetfeld der Erde. Zusätzlich helfen ihnen tagsüber die Sonne und nachts die Sterne. Seerobben, die im Atlantik und Pazifik nachts nach Futter jagen, richten sich ebenfalls an dem Sternenhimmel aus.

Füchse, Wildschweine, Eulen, Fledermäuse und sogar Möwen jagen nachts. Ihre Sinne (gutes Gehör, scharfe Augen, feine Nase) sind darauf ausgerichtet, sich im Dunkeln gut zurechtzufinden. Dabei orientieren sie sich nach den Mondphasen. Bei Neumond jagen sie besonders viel, da sich ihre Beute sicher fühlt und nicht versteckt. Bei Vollmond hingegen ziehen sich diese Tiere lieber zurück, um nicht von ihren Beutetieren erkannt zu werden.

Eine Ausnahme bildet der Wolf. Er nutzt das helle Licht des Vollmondes zur Jagd. Dabei heult er keineswegs den Mond an, was viele glauben, sondern legt beim Heulen den Kopf in den Nacken, um eine bessere Reichweite zu erhalten. Auf diese Weise ruft er zum Beispiel andere Tiere seines Rudels aus der Ferne zusammen. Das Heulen ist bis zu zehn Kilometer weit zu hören.

DIE FORTPFLANZUNG

Die Palolo-Würmer leben in der Südsee in Korallenriffen. Sie haben ihre Fortpflanzung auf die Mondphasen ausgerichtet. In der siebten Nacht nach dem ersten Vollmond nach Herbstbeginn stoßen Millionen von weiblichen und männlichen Würmern ihre mit Eiern und Spermien gefüllten Hinterteile ab. Deren Hüllen platzen an der Meeresoberfläche, sodass sich die Eizellen mit den Spermien vermengen können. Ähnlich machen es die Korallen im australischen Great Barrier Reef. Damit die Meeresströmung die Eier und Spermien nicht zu sehr verstreut, sondern sie diese zur selben Zeit ab.

Auch die an der europäischen Atlantikküste lebenden Einstundenmücken „Clunio marinus“ schlüpfen nur an den Tagen unmittelbar nach Voll- oder Neumond. Da sie nur gut eine Stunde leben, suchen die Männchen schnell nach Weibchen, um sich zu paaren.

PLANETEN

Das Wort Planet bedeutet, aus dem Griechischen übersetzt, entweder „Wanderer“ oder auf eine Tierherde bezogen „umherschweifend“. Das passt gut zu den acht Planeten unseres Sonnensystems. Sie wandern in regelmäßigen Bahnen um die Sonne und breiten sich dabei auf der großen Weide des Weltalls ordentlich aus.

Auch wenn sie alle aus Sternenstaub entstanden sind, unterscheiden sie sich deutlich voneinander: Der eine ist groß (Jupiter), der andere klein (Mars), der eine ist kochend heiß (Venus), der andere eiskalt (Neptun), auf dem einen gibt es Wasser (Erde), auf dem anderen Eis (Uranus), einer wird von mehreren Tausend Ringen umgarnt (Saturn), der andere hat noch nicht mal einen Mond (Merkur) und einer ist zu klein, um mit auf der Weide umherschweifen zu dürfen (Pluto). Freu dich auf die bunte Welt der Planeten!

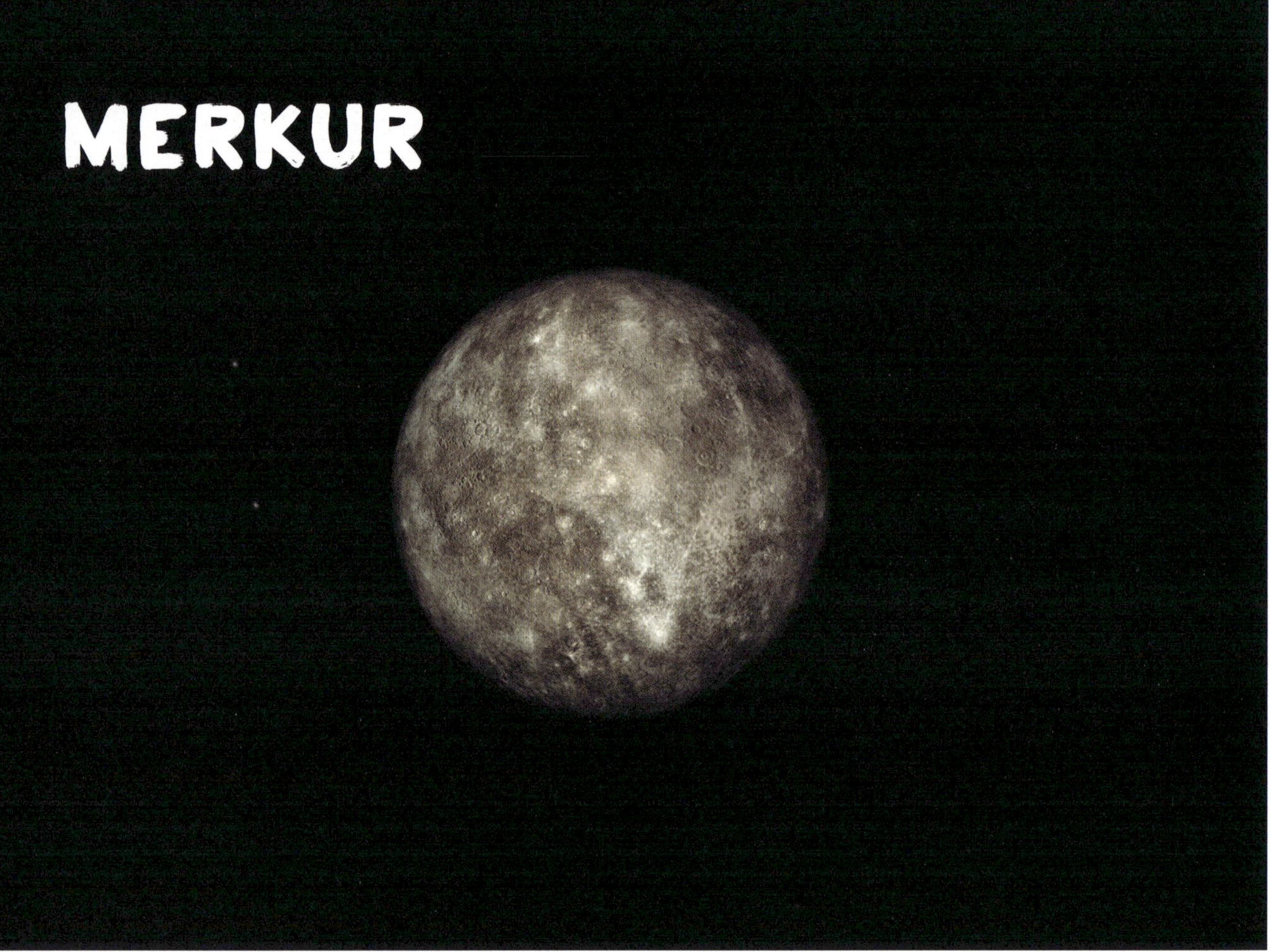

Er ist der kleinste Planet des Sonnensystems und ein richtiger Flitzer: Mit über 170.000 Stundenkilometern rast er um die Sonne und schafft es, sie in 88 Tagen zu umkreisen. Unsere Erde braucht dafür 365 Tage, der Neptun sogar knapp 165 Jahre.

Da der Merkur von allen Planeten der Sonne am nächsten kommt, wird es auf ihm ziemlich heiß: Die Seite, die zur Sonne zeigt, erhitzt sich auf über 400 Grad auf, während die gegenüberliegende Seite minus 170 Grad misst. Die großen Temperaturunterschiede resultieren daraus, dass der Merkur nicht wie die Erde über eine Atmosphäre und Meere verfügt, die die Wärme speichern könnten.

Die Oberfläche des Merkurs ist ähnlich wie die des Mondes von Kratern überzogen, die von Meteoroiden- und Kometeneinschlägen entstanden sind.

Die Erforschung des Merkurs ist schwierig, da Teleskope und Sonden durch die Nähe zur Sonne entweder an der großen Helligkeit oder den sogenannten Sonnenwinden (Wasserstoffteilchen, die von der Sonne mit einer Geschwindigkeit von bis zu 1.000.000 Stundenkilometern abströmen) scheitern. 1974 hat es die Raumsonde Mariner 10 geschafft, den Merkur zu umkreisen und Bilder von ihm zu schießen.

VENUS

Auch wenn sie nicht wie der Merkur direkt um die Sonne kreist, ist sie viel heißer: Mit einer mittleren Temperatur von 464 Grad ist sie der heißeste Planet des Sonnensystems. Der Grund dafür liegt in der Gashülle, die sie umgibt. Diese besteht vor allem aus Kohlendioxid und Schwefelsäure und ist hundertmal dichter als die Atmosphäre auf der Erde. Darunter speichert sich die Hitze der Sonne. Man nennt diesen Treibhauseffekt auch „Venus-Syndrom".

Die Erde und die Venus werden auch „Zwillingsplaneten" genannt, da sie einige Ähnlichkeiten haben: Sie liegen in der Umlaufbahn um die Sonne nebeneinander, sind in etwa gleich groß und gleich schwer und haben annähernd denselben inneren Aufbau.

Auch ihre Schwerkraft ist nahezu ähnlich: Ein 80 Kilogramm schwerer Mensch würde auf der Venus 72 Kilogramm auf die Waage bringen.

Seit den 1960er-Jahren sind einige Raumsonden mit Hilfe von Fallschirmen auf der Venus gelandet und haben Fotos von der Oberfläche des Planeten gemacht. Allerdings nicht länger als zwei Stunden, da die Sonden aufgrund der hohen Hitze dann ihre Funktion aufgegeben haben.

„Roter Planet" – so wird unser Nachbar im Sonnensystem auch genannt. Seinen Namen verdankt er den Römern, die ihn aufgrund seiner blutroten Farbe nach ihrem Kriegsgott Mars benannten. Mittlerweile wissen wir, dass die rote Farbe des Planeten durch den Rost, der sich im Marsgestein befindet, entstanden ist. Da es auf dem Mars sehr trocken und sehr kalt ist, vermuteten die Wissenschaftler, dass sich der Rost in früheren Zeiten gebildet hat, als der Planet wärmer war und Meere, Seen und Flüsse hatte. Rinnen und Gräben auf der Oberfläche könnten Beweise dafür sein. Aber eine andere Theorie wurde von Forschern bewiesen: Sie füllten Eisenoxid, Quarzsand und eine künstliche Marsatmosphäre in einen Glaszylinder und schüttelten ihn mehrere Monate lang. So stellen sie die typischen Sandstürme auf dem Mars nach. Das Ergebnis war roter Sand.

Der Mars ist vor allem aus einem Grund für die Forscher interessant: Es könnte Leben auf ihm gegeben haben. Warum? Er ist unserer Erde sehr ähnlich. Ein Mars-Tag dauert gut 24 Stunden. Da die Rotationsachse ähnlich geneigt ist wie die der Erde, gibt es auch Jahreszeiten. Auch wenn es auf dem Mars kälter als auf der Erde ist (im Schnitt minus 55 Grad), sind die Temperaturen nicht so „lebensbedrohlich" wie auf den anderen Planeten des Sonnensystems. Und wenn es tatsächlich früher wärmer war, könnte es vielleicht Leben auf dem Wüstenplaneten gegeben haben. Dies wird auf diversen Marsmissionen (siehe Seite 82) erforscht.

Nicht ohne Grund ist er nach dem römischen Hauptgott benannt. Der Jupiter ist der größte Planet im Sonnensystem. Alleine die Erde passt vom Volumen her 1.300 Mal in ihn hinein. Und als stattlicher Planet hat er nicht nur einen Mond wie die Erde, sondern gleich 79. Alleine diese sind spektakulär, zum Beispiel der Mond „Io", der aus einem Eisenkern besteht und Schwefel aus seinen zahlreichen Vulkanen spuckt, oder der Mond „Europa", auf dem ein 100 Kilometer tiefer Ozean liegt, dessen Oberfläche aus einer 10 bis 20 Kilometer dicken Eiskruste besteht. Außerdem gibt es den Mond „Ganymed", der mit 5.262 Kilometern Durchmesser nicht nur der größte Mond im Sonnensystem, sondern auch größer als der Merkur ist.

Den Jupiter erkennt man an den dunklen und hellen Streifen. Diese sind breite Wolkenbänder, die aus Gasen bestehen und Ammoniak, Phosphor und Schwefel enthalten. Der Planet besitzt einen Metallkern mit einem Magnetfeld, das 10 bis 20 Mal stärker als das der Erde ist. All dies macht es schwierig, den Jupiter zu erforschen.

Eine bekannte Mission war jene mit der Raumsonde „Juno" der NASA. Sie wurde 2011 ins All geschossen und erreichte nach fünf Jahren die Umlaufbahn des Jupiters. Der Name ist übrigens gut gewählt: In der griechischen Mythologie umgab Jupiter sich mit einem Wolkenschleier, um seine üblen Taten zu verbergen. Seine Frau, die Göttin Juno, konnte jedoch durch die Wolken hindurchsehen und Jupiters wahre Gestalt erkennen. Mit auf der Mission waren übrigens auch Lego-Figuren aus Aluminium, die Jupiter und seine Frau Juno darstellen.

SATURN

Diesen Planeten erkennt man sofort an der Ringscheibe, die ihn umgibt. Diese besteht aus etwa 100.000 einzelnen Ringen, die eine Dicke von nur 10 bis 100 Metern haben, dafür aber einen Durchmesser von knapp einer Million Kilometern. Die Ringe wiederum bestehen aus kleinen Staubteilchen und vereisten Felsbrocken, die durch die Anziehungskraft des Planeten auf der Umlaufbahn gehalten werden. Zusätzlich kreisen mit den Materialpartikeln auch zahlreiche Monde des Saturns (Hirtenmonde) – teils in den Lücken der Ringe, teils an den Rändern der Scheibe – und halten das Ringsystem so zusammen.

Es gibt zwei Theorien über die Entstehung der Ringe: Einerseits könnten es Überbleibsel eines Kometen sein, der bei der Annäherung an den Saturn zerrissen wurde. Andererseits könnte ein Asteroid einen der Saturnmonde zerstört haben, dessen Trümmerteile nun um den Saturn kreisen.

So sehr die markanten Ringe den Saturn ausmachen, werden sie in ferner Zukunft nicht mehr existieren. Grund hierfür ist das sogenannte Abregnen. Durch die hohe Anziehungskraft und das Magnetfeld des Saturns gehen Partikel des Ringes auf den Saturn nieder, wobei das Wasser verdampft. Bis die Ringe verschwunden sein werden, wird es laut Einschätzung der Forscher noch 300 Millionen Jahre dauern.

Der Uranus liegt doppelt so weit von der Sonne entfernt wie sein Nachbarplanet, der Saturn, nämlich knapp 2.900 Millionen Kilometer. Entsprechend ist es auf ihm noch kälter, er kommt auf minus 197 Grad. Auch wenn der Uranus ein Eisplanet ist, hat er seine blaugrüne Farbe nicht Gletscher- und Schneelandschaften zu verdanken, sondern den Wolkenschichten, die ihn umgeben. Sie enthalten ein Methangas, welches den roten Teil des Sonnenlichtes absorbiert, sodass nur der blaue Teil zu uns reflektiert wird. Der Uranus hat, wie der Saturn, ein Ringsystem. Im Durchschnitt sind die Teilchen größer als die der Saturnringe, allerdings sind es viel weniger als bei seinem Nachbarplaneten.

Das Besondere am Uranus ist seine Ausrichtung. Die Achse, um die er sich dreht, liegt sehr flach. Sie ist um 82 Grad gekippt – die Erdachse ist im Vergleich dazu nur um 23 Grad geneigt. Dadurch dreht sich der Uranus in der Umlaufbahn um die Sonne nicht wie die anderen Planeten senkrecht (als wenn du eine Schraube in der Luft machst), sondern waagerecht (wie bei einem Salto). Die Forscher erklären sich die verschobene Rotationsachse mit einem Streifschuss, den Uranus vor rund vier Milliarden Jahren von einem Objekt, das zweimal so schwer wie die Erde war, bekommen hat und der ihn „aus der Bahn" geworfen hat.

NEPTUN

Er ist der Planet der Superlativen: Er ist am weitesten von der Sonne entfernt (fast 4.500 Millionen Kilometer), auf ihm ist es am kältesten (minus 201 Grad), er ist am langsamsten (20.000 Stundenkilometer) und braucht am längsten, um die Sonne zu umkreisen (165 Jahre). Da der Planet erst 1846 entdeckt wurde, konnten die Astronomen bisher nur einen Umlauf beobachten. Die Raumsonde Voyager 2 ist im Jahr 1989 auf ihrer Mission am Neptun vorbeigeflogen und hat unter anderem das Magnetfeld, die Geschwindigkeit, die Ringe und Monde des Planeten erforscht.

Auf dem Neptun toben Stürme mit Geschwindigkeiten von rund 2.000 Stundenkilometer – einem Vielfachen der zerstörerischen Wirbelstürme auf der Erde, wie 2005 Hurrikan „Katrina" mit 280 Stundenkilometern. Die Sturmgebiete auf dem Neptun erstrecken sich über viele tausend Kilometer, dauern mehrere Jahre und lösen gewaltige Blitze aus. Der größte Wirbelsturm ist der Große Dunkle Fleck, der die Größe von zwei Erden nebeneinander hat.

Seine blaue Farbe verdankt der Neptun dem Methangas in der Atmosphäre. Das Blau ist stärker als beim Uranus, da der Methananteil hier höher ist. Die tiefblaue Farbe passt gut zu seinem Namen „Gott des Meeres", der aus der römischen Mythologie entstammt. Gut, dass sich die Wissenschaftler darauf geeinigt haben, denn kurz nach seiner Entdeckung wurde Neptun nur als „der Planet außerhalb von Uranus" bezeichnet.

Dieser Himmelskörper hat einen schweren Stand. Er wurde 1930 entdeckt, in die Riege der Planeten des Sonnensystem eingereiht und 76 Jahre später dann „rausgeschmissen". Dabei erfüllte er die damaligen Bedingungen für einen Planeten: Er ist rund und umkreist die Sonne.

Nachdem viele andere ähnlich kleine Objekte wie der Pluto außerhalb der Neptun-Bahn entdeckt wurden, wurde 2006 eine dritte Bedingung durch die Internationale Astronomische Union eingeführt: Ein Planet muss groß genug sein, dass er durch seine Anziehungskraft die eigene Umlaufbahn von anderen Himmelskörpern freiräumen kann. Da Plutos Durchmesser nur rund 2.300 Kilometer beträgt, also weniger als die Hälfte des kleinsten Planeten Merkur, wurde er zum „Zwergplaneten" degradiert, und die Schulbücher und Lexika mussten umgeschrieben werden. Auch der bis dahin gültige Spruch, um sich die Anordnung der neun Planeten zu merken – „Mein Vater erklärt mir jeden Sonntag unsere neun Planeten (Pluto)" – wurde geändert. Unser Sonnensystem besteht seither nur noch aus acht Planeten. Und Pluto bewegt sich mit anderen Kometen, Meteoroiden und Himmelskörpern im All. Immer mehr werden entdeckt, da die Teleskope immer besser werden. Heute sind schon mehrere hundert dieser Himmelskörper bekannt, darunter fünf Zwergplaneten. Zur Rettung des Rufes dieses Zwergplaneten sei erwähnt, dass Pluto nicht wie eine trostlose Eiswüste, sondern wie eine rötlichgraue, sich wandelnde Welt voller Berge und Täler, Gletscher, Krater und glatter Flächen aussieht – also durchaus eine Reise mit einer Raumsonde wert ist.

DAS GRAVITATIONS-EXPERIMENT

Die Gravitation ist die Anziehungskraft, die dafür sorgt, dass wir nach unten, also zum Erdmittelpunkt, gezogen werden. Gäbe es sie nicht, würden wir durch die Luft schweben, wie es die Astronauten in der Schwerelosigkeit im Weltall können. Da die Planeten in Bewegung sind, werden sie von der Gravitation der Sonne in ihrer Umlaufbahn gehalten.

Wie die Anziehungskraft der Sonne funktioniert, zeigen dir Julius und sein Freund Georg in dem Gravitationsexperiment.

Schneide ein etwa 2 × 2 Zentimeter großes Stück Gewebeklebeband ab und stich mit einem Dorn ein Loch hinein.

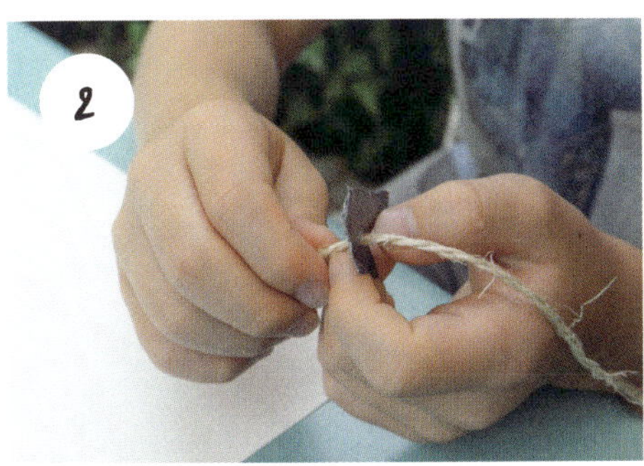

Kürze einen Bindfaden auf etwa 40 Zentimeter Länge und stecke ihn durch das Loch des Klebebands.

Klebe das Gewebeband mit dem Fadenende auf einen Tischtennisball.

Mal den Ball mit Acrylfarbe an. Hier pinselt Julius den knallblauen Neptun an.

Nimm das andere Ende des Fadens und schleudere den Ball im Kreis herum. Dieser kreist um deine Hand wie ein Planet (hier der Mars) um die Sonne. Der Faden stellt die Gravitation dar. Wäre sie nicht vorhanden, würde der Planet im Weltall herumirren.

DIY PLANETEN-MOBILE

Die Sonne mit ihren acht Planeten kann man gut an einem Mobile darstellen. Julius bastelt eins aus Styropor, Zeitungspapier und Tennisbällen. Viel Spaß beim Nachmachen!

DU BRAUCHST:

4 Seiten Zeitungspapier, 2 Tennisbälle, 1 Styroporkugel (etwa 18 Zentimeter Durchmesser), 5 Streichhölzer, 9 Nylonfäden (50 Zentimeter lang), Kleiderbügel aus Draht, 1 Esslöffel Kleister, Wasser, Acrylfarben, Kleber, Pinsel, Zange, Schere, Dorn

1 Brich vier Streichhölzer in der Mitte durch und knote an jede Hälfte einen Nylonfaden. Einen weiteren Faden befestige an das ganze Streichholz.

2 Rühre den Kleister mit Wasser an. Zerknülle zwei ganze, zwei halbe und zwei viertel Zeitungsseiten, tunke sie in den Kleister und wringe die Kugeln aus.

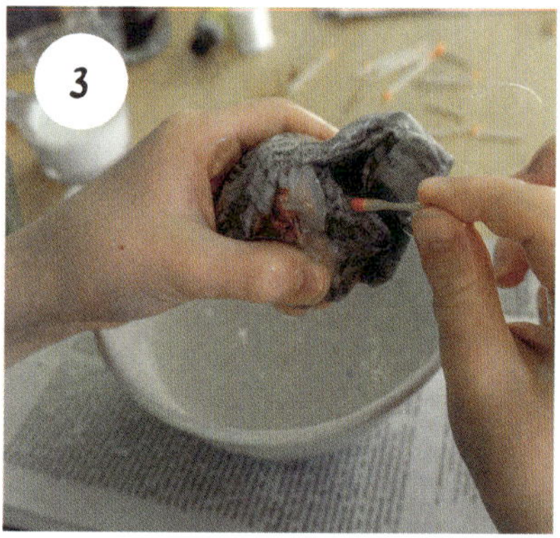

3 Öffne die Papierkugeln und stecke die halben Streichhölzer hinein – die Nylonfäden draußen lassen. Die Öffnungen wieder verschließen. Lege die Kugeln auf ein Küchenpapier und lass sie vier Stunden trocknen.

Mal die sechs Planeten in ihren Farben an. In aufsteigender Größe: Merkur (braun), Mars (rot), Venus (orange), Erde (blau-grün), Neptun (blau) und Uranus (hellblau).

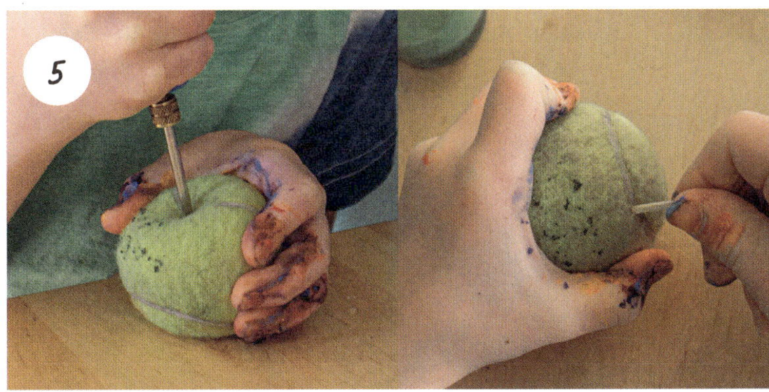

Für die großen Planeten nimm die Tennisbälle und bohre mit dem Dorn ein Loch hinein. Stecke je ein halbes Streichholz durch das Loch.

Bemale Saturn (orange mit weißem Streifen) und Jupiter (weiß mit braunen Streifen).

Für die Sonne nimm die Styroporkugel, lege das ganze Streichholz in eine Hälfte und klebe sie mit der anderen Hälfte zusammen.

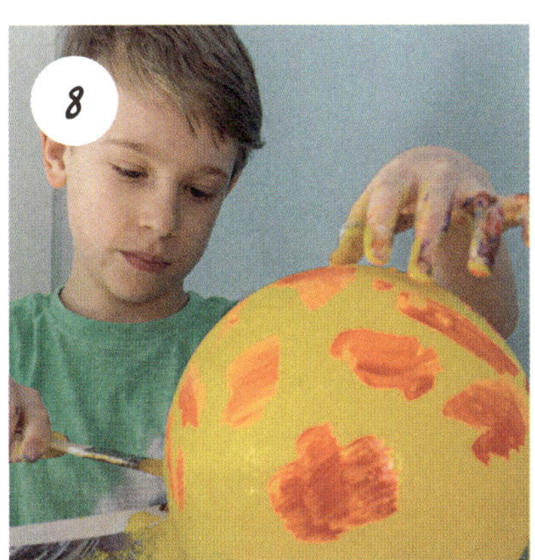

Mal die Sonne mit gelber und roter Farbe an.

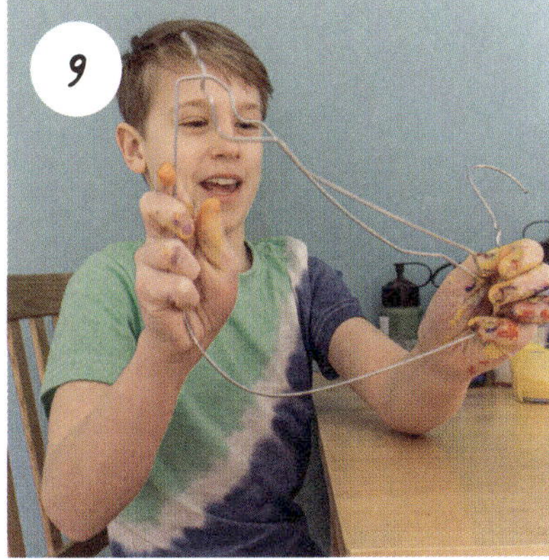

Biege den Kleiderbügel zu einem Ring mit Haken in der Mitte und knote die Nylonfäden mit der Sonne und den Planeten daran fest.

ASTRONOMIE

Die Astronomie wurde früher auch Sternkunde genannt. Dabei erforscht sie alle Himmelskörper, also neben den Sternen auch die Sonne, die Planeten, Monde, Asteroiden und Galaxien. Da die Teleskope immer leistungsfähiger werden, können die Astronomen das Weltall immer exakter durchforschen. Sie entdecken so ferne Galaxien, deren Licht mehrere Milliarden Jahre braucht, bis es uns auf der Erde erreicht. Julius hat eine Sternwarte besichtigt und durfte auch mal durch die großen Teleskope schauen.

Zu Hause beobachtet Julius die Sternbilder mithilfe einer Karte. Neben dem Großen und dem Kleinen Wagen hat er schon Herkules und Pegasus am Himmel gefunden. Um gut ausgestattet zu sein, hat er sich ein Teleskop gekauft und ein eigenes Fernrohr gebastelt. Wie das geht, zeigt er dir auf den nächsten Seiten.

ICH SEH DEN STERNENHIMM

Wenn du abends in den Himmel schaust und dieser nicht mit Wolken verhangen ist, siehst du die Sterne funkeln – manche heller, manche dunkler. Die Helligkeit sagt nichts darüber aus, wie stark Sterne leuchten. Manche schwach leuchtenden Sterne sind in Wirklichkeit extrem hell, nur halt eben sehr weit von uns entfernt. Es gibt sogar Sterne, die ihre Helligkeit mit der Zeit verändern.

STERNBILDER

Um sich am Nachthimmel orientieren zu können, haben Astronomen Linien zwischen hellen Sternen gezeichnet, sodass sich daraus Bilder ergeben. Die Namen, die den Sternbildern gegeben wurden, entstammen der griechischen Mythologie. Julius stellt dir einige bekannte Sternbilder vor:

Bärenhüter
Der Name bezieht sich auf die Sternbilder Großer Bär und Kleiner Bär. Unterstützt von den Jagdhunden bewacht dieses Sternbild die beiden Bären. Der Hauptstern des Bärenhüters scheint dabei am Himmel dem „Schwanz" des Großen Bären zu folgen.

Drache
Dieses Sternbild läuft an acht anderen Sternbildern vorbei. In der Sage hat der Drache Ladon hundert Köpfe und bewacht goldene Äpfel, die einen unsterblich machen, wenn man sie isst. Herakles gelang es, die Äpfel zu stehlen und den Drachen zu töten.

Großer Bär (Großer Wagen)
Sieben sehr helle Sterne des Bildes Großer Bär formen die Umrisse eines Wagens, weshalb man sie Großer Wagen nennt. Das Sternbild des Großen Bären beinhaltet den Großen Wagen und weitere Sterne. Der Sage nach hat Alkmene, die Frau von Zeus, die Nymphe Kallisto in einen Bären verwandelt, nachdem diese sich mit Zeus eingelassen und den Sohn Arkas geboren hatte.

Haar der Berenike
Als der ägyptische König Ptolemaios III. in den Krieg zog, versprach seine Frau Berenike der Liebesgöttin Aphrodite, dass sie ihr prachtvolles Haar opfern würde, wenn ihr Mann siegreich und unversehrt heimkehren würde. Dies geschah. Da die Götter sich so sehr über das Opfer freuten, haben sie es am Himmel verewigt.

Herkules (Herakles)
Herkules ist der lateinische Name für Herakles, den Sohn des Zeus und der Alkmene. Herakles bekam zwölf sehr schwierige Aufgaben, die er durch Kraft und Intelligenz löste und dabei den Drachen und andere Tiere tötete. Wenn du genau hinschaust, siehst du Herakles mit einem Bogen in seinem ausgestreckten Arm, mit dem er einen Pfeil abschießt.

Kassiopeia
Kassiopeia zog den Zorn der Götter auf sich, da sie behauptete, sie sei schöner als die Töchter des Meeresgottes. Daraufhin sandte Poseidon ein Meeresungeheuer aus, welches die Küsten verwüstete. Das Land konnte von dem Fluch nur dann befreit werden, wenn Kassiopeia ihre Tochter Andromeda dem Ungeheuer opfern würde. In letzter Sekunde tötete der Held Perseus das Ungeheuer und befreite Andromeda.

Kleiner Bär (Kleiner Wagen)
Das Sternbild Kleiner Bär ist identisch mit dem des Kleinen Wagens. Es hat sieben Sterne, einer von ihnen ist der Polarstern. Zeus verwandelte seinen Sohn Arkas in einen Bären, damit dieser seiner als Bär verwandelten Mutter nichts antun konnte. Schließlich packte er beide am Schwanz und schleuderte sie in den Himmel. Das erklärt auch, warum die Schwänze der beiden Bären-Sternbilder so lang aussehen.

Pegasus
Pegasus ist ein ausgedehntes Sternbild, das ein auf dem Kopf stehendes fliegendes Pferd darstellt. Es hilft den Göttern mit Blitzen und Donner.

Schlangenträger
Der Gott der Heilkunst, Asklepios, stützte sich auf einen Stab, der von einer Schlange umschlungen wurde. Nachdem er einen Toten zum Leben erweckte, tötete ihn Zeus.

Schwan
Dies ist ein markantes Sternbild, das einen fliegenden Schwan darstellt. In der griechischen Mythologie verkörpert der Schwan den Gott Zeus.

STERNKARTEN

Da sich die Erde um die Sonne dreht, ändert sich für uns auch der Sternenhimmel im Laufe eines Jahres. Damit du die Sterne beobachten kannst, gibt es Karten zur Orientierung.

Entweder sind diese nach der jeweiligen Anordnung der Sterne in den Monaten gezeichnet oder sie bestehen aus einer drehbaren Scheibe und lassen sich auf den Beobachtungstag genau einstellen.

Hier findest du eine Karte, die den Sternenhimmel über Bayern im August zeigt. Westen und Osten sind übrigens anders platziert, da man Sternkarten gegen den Himmel hält und nicht von oben darauf schaut.

SPIEGEL ÜBER DEN WOLKEN

GRAN TELESCOPIO CANARIAS

Die besten Bedingungen für die Erforschung des Weltalls findet man über den Wolken. Dort ist die Luft weniger verschmutzt und klarer, als in den tieferen Regionen. Außerdem gibt es keinen Lichtsmog durch Straßenlaternen, Leuchtreklamen, Häuser oder andere Lichtquellen. Hast du mal Urlaub in den Bergen oder am Meer gemacht und nachts den Sternenhimmel beobachtet? Er leuchtet dort viel stärker als zu Hause.

Die größten Teleskope der Welt sind auf Bergen errichtet. So auch das Gran Telescopio Canarias auf der kanarischen Insel La Palma. Es steht auf 2.267 Metern Höhe auf dem Roque de los Muchachos. Dieses astronomische Großteleskop hat einen Spiegel mit über zehn Metern Durchmesser. Auch das leistungsstärkste Teleskop der Erde, das Very Large Telescope, wurde auf einem 2.635 Meter hohen Berg, dem Cerro Paranal, im Norden Chiles erbaut. Nicht weit davon entfernt – auf dem Berg Cerro Armazones (3.046 Meter hoch) – entsteht ein noch größeres Teleskop, das Extremely Large Telescope, welches mit einem Spiegel von 39 Meter Durchmesser ausgestattet sein wird. Die Inbetriebnahme ist für 2025 geplant.

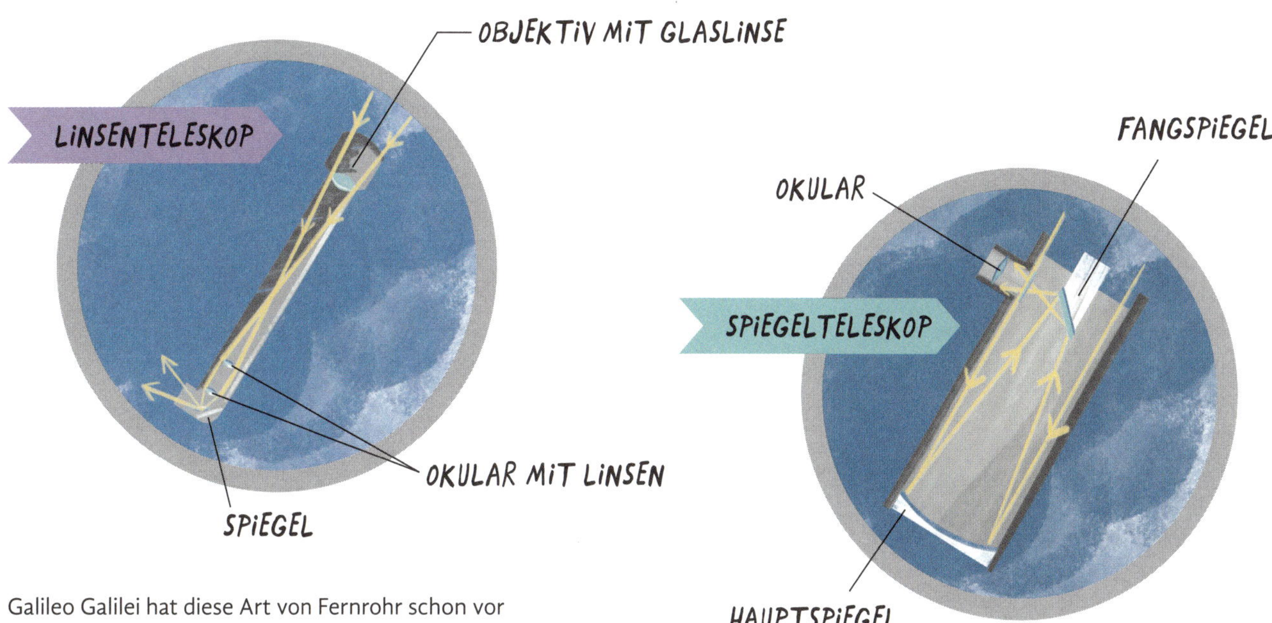

Galileo Galilei hat diese Art von Fernrohr schon vor über 400 Jahren für die Beobachtung des Weltalls verwendet. Ein Linsenteleskop besteht aus Glaslinsen. Eine liegt im Objektiv, wo das Licht von den Sternen einfangen wird, und mindestens eine weitere im Okular, welches das beobachtete Bild vergrößert. Damit man den Kopf nicht wie beim Fernglas hoch zum Himmel strecken muss, um in das Okular zu schauen, wird der Lichtstrahl über einen Spiegel um 90 Grad umgeleitet. So kann man den Sternenhimmel entspannt beobachten. Je nach Okular lassen sich verschieden Vergrößerungen einstellen. Für die Beobachtung von weit entfernten Galaxien stößt das Linsenteleskop an seine Grenzen. Hierfür benötigt man metergroße Linsen, die sich unter ihrem eigenen Gewicht verformen würden.

Anstelle von Glaslinsen arbeitet dieses Teleskop mit Spiegeln. Die einfachste Bauart ist nach ihrem Erfinder, Sir Isaac Newton, benannt. Das Newton-Teleskop hat einen Hauptspiegel, der das Licht von den Sternen einfängt, und einen Fangspiegel, der es zum Okular weiterleitet, wo ein vergrößertes Bild erzeugt wird. Auch beim Spiegelteleskop wird der Lichtstrahl über einen geneigten Spiegel noch mal um 90 Grad umgelenkt.

PROFI-TELESKOP IN STERNWARTEN

In Sternwarten werden Spiegelteleskope mit Durchmessern von zwei bis zehn Meter verwendet. Dabei schauen die Wissenschaftler nicht mehr selbst ins Teleskop, sondern werten Bilder am Computer aus, die ihnen eine Kamera, die anstatt eines Okulars eingebaut ist, aufnimmt.

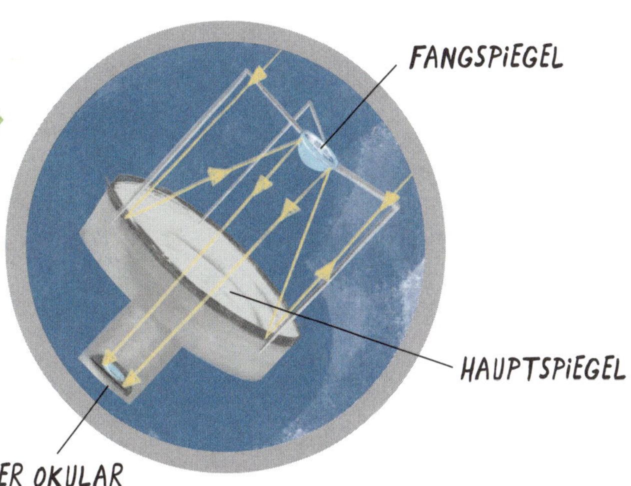

WEIẞT DU WIE VIEL STERNL

Julius möchte mit seinem Freund Luki das neue Teleskop ausprobieren und geht an einem wolkenlosen Abend mit ihm in den Park auf einen Hügel. Von dort oben haben sie eine gute Aussicht und werden weder von der Wegbeleuchtung noch von neugierigen Kindern gestört. Wie du die Sterne am besten beobachtest und die Sternbilder findest, erfährst du auf diesen Seiten.

STERNKARTE LESEN

Halte die für den Monat passende Sternkarte so über dich, dass die Himmelsrichtung, in die du schaust, auf der Karte nach unten zeigt. Das ist ungewohnt, denn normalerweise hält man eine Landkarte so, dass die Richtung, in die man fahren möchte, oben liegt. Bei der Sternkarte ist es anders. Wenn du also nach Süden schaust, halte die Sternkarte so, dass Süden unten liegt. Nun hast du einen Plan, was über dir im Himmel zu sehen ist. Die Sternbilder helfen dir, dich bei den vielen Sternen zu orientieren. Der Große Wagen ist am besten zu erkennen, da seine Sterne hell leuchten. Bei ihm starte deine Sternbeobachtung. Wenn du die Linie zwischen den beiden hinteren Sternen an der „Rückwand" des Wagens verlängerst, triffst du auf den Polarstern, der wiederum zum Kleinen Bär gehört. Er ist auch gut ohne Fernrohr zu erkennen. Da er direkt über dem Nordpol steht, markiert er die Himmelsrichtung Norden. Schon in der Antike haben die Seefahrer ihn als Navigationshilfe verwendet.

N STEHEN ...

FERNGLAS

Mit dem Fernglas kannst du durch die Milchstraße streifen und mehr als hundert Objekte am Sternenhimmel genauer beobachten, allen voran den Mond mit seinen Kratern. Aber auch die hellen Sternbilder Großer Wagen, Kleiner Bär mit dem Polarstern und gleich daneben Kassiopeia lassen sich ganzjährig am Himmel beobachten. Das Fernglas hat einige Vorteile: Es ist klein und lässt sich gut transportieren. Das Gesichtsfeld ist größer als beim Teleskop, sodass du ausgedehnte Sternbilder wie Pegasus im Ganzen beobachten kannst. Schließlich muss man beim Beobachten nicht ein Auge zukneifen, sondern schaut mit beiden Augen in den Himmel. Dadurch siehst du ein Bild mit vielen Details.

TELESKOP

Wenn du auf große Sternerkundungstour gehen möchtest, brauchst du ein Teleskop. Überlege dir zu Hause schon, was du anschauen magst. Julius hat eine Beobachtungsliste in sein Notizbuch geschrieben. Heute will er das Sternbild Drache erforschen und orientiert sich bei der Suche zunächst an dem Großen Wagen. Zu Beginn hat er das Okular mit der höchsten Zahl (Brennweite in Millimeter) in das Teleskop eingesetzt, da es die kleinste Vergrößerung macht. Bevor er ins Teleskop schaut, visiert er sein Ziel mit dem Sucherfernrohr. Wenn dies genau in Position gebracht ist, wechselt er zum Okular und stellt es scharf. Um die Sterne des Drachen genauer zu betrachten, wechselt er stufenweise die Okulare – je kleiner die Brennweite, desto höher die Vergrößerung. Zwischendurch zeichnet er das Sternbild und andere Himmelskörper in sein Notizbuch. Wenn es nachts zu dunkel wird, knipst er dafür seine Stirnlampe an.

Julius hat ein BRESSER Classic Teleskop, mit dem er als Einsteiger gleich loslegen konnte. Mond und Planeten lassen sich mehr als 300 Mal vergrößern und mithilfe des Smartphone-Halters gleich fotografieren. Hier findest du es: **www.bresser.de**

BRESSER junior

JULIUS BESUCHT DIE STERN WARTE AM WENDELSTEIN

Im Süden Deutschlands nahe der österreichischen Grenze liegt auf dem 1.838 Meter hohen Wendelstein eine Sternwarte (wendelstein-observatorium.de), die von der Ludwig-Maximilians-Universität München betrieben wird. Nach einer Stunde Autofahrt von München aus erreichen Julius und die Astronomin Dr. Anita Winter, die ihn bei der Erstellung dieses Buches unterstützt, den Parkplatz zum Wendelstein. Nun noch mit der Seilbahn auf den Berg und mit dem Lift direkt auf den Gipfel. Oben angekommen begrüßt Dr. Arno Riffeser die beiden. Arno forscht hier in der Sternwarte mit seinem Team nach Sternen, Planeten und fernen Galaxien. Julius und Anita bekommen eine exklusive Führung – spannend!

ERST MAL LAGEBESPRECHUNG

In den Räumen des Observatoriums stehen überall Bildschirme. Arno erklärt, dass man heutzutage nicht mehr selbst an den Teleskopen stehen muss, sondern sie über Computer fernsteuern kann. Die Fotos von den entdeckten Himmelskörpern werden von den Teleskopkameras an die angeschlossenen Computer geschickt, dort ausgewertet und an den Bildschirmen dargestellt.

Der Monitor, vor dem die beiden Forscher sitzen, zeigt übrigens die Andromedagalaxie, in der Arno mit seinen Kollegen viele neue Sterne entdeckt hat.

DAS SONNENFERNROHR

Unter einer Holzkuppel, die Arno mit einem Rad per Hand aufschiebt, kommt ein älteres Teleskop zum Vorschein. Dieses funktioniert mit Linsen und ist speziell zur Beobachtung der Sonne entwickelt worden. Man nennt solche Instrumente auch Koronografen. Das Teleskop hat eine Öffnung von 20 Zentimeter und ist mit einer besonderen Blende und speziellen Filtern ausgestattet. Dadurch erzeugt es eine Art künstliche Sonnenfinsternis, die es uns ermöglicht, die Sonne mit ihrer Atmosphäre, den Protuberanzen und Flecken zu beobachten, ohne dass wir unsere Augen verletzen.

Julius probiert das Sonnenfernrohr gleich aus und hat Glück: Er sieht eine große Protuberanz.

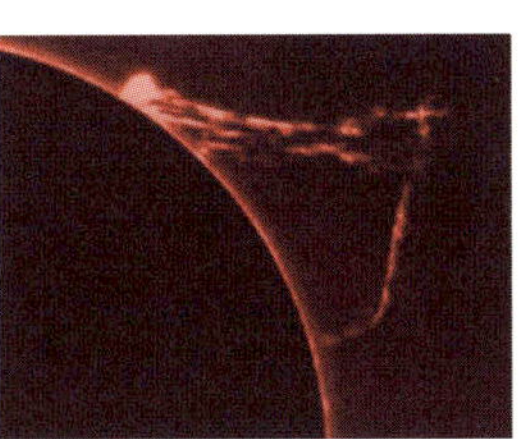

DER DICKE OSCHI

Unter einer weißen Kuppel mit einem Durchmesser von 8,5 Metern befindet sich ein riesiges Spiegelteleskop. Arno zeigt Julius, wie er die Kuppel per Knopfdruck öffnen und drehen kann, ebenso wie sich das Teleskop ausrichten lässt. Für rasch aufziehendes Unwetter gibt es einen Blitzschutzknopf, der die Kuppel schnellstmöglich wieder schließt. Mit dem 2 Meter großen Spiegel des Teleskops kann man ferne Galaxien entdecken.

DAS STUDENTENTELESKOP

Ein bisschen kleiner als das 2-Meter-Teleskop, aber immerhin noch ausreichend, um die Milchstraße zu studieren, ist das sogenannte „Studententeleskop“. Es hat einen Spiegel von 43 Zentimeter Durchmesser und ist ebenfalls unter einer Kuppel geschützt. Arno steuert es über seinen Laptop. Dafür muss er nicht in der Sternwarte sein, sondern benötigt nur Zugang zum Internet.

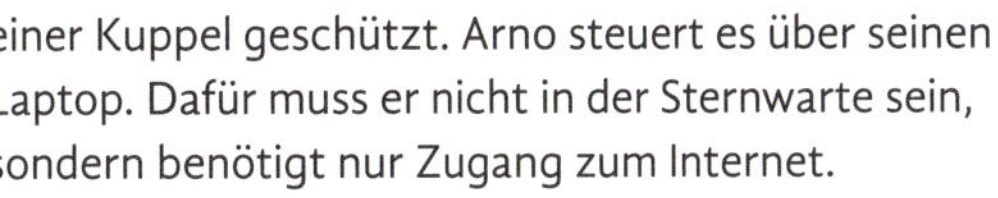

Dadurch dass es sich aus der Ferne bedienen lässt, ist dies Teleskop vor allem bei den Studenten sehr beliebt: Sie können von zu Hause aus Sterne und Planeten für ihre Bachelor- oder Masterausbildung erforschen.

DIY FERNROHR

Im Sommer macht es Spaß, Sterne zu beobachten. Die Bedingungen sind perfekt: Es ist nachts noch warm, der Himmel ist oft klar, und die Wahrscheinlichkeit, Sternschnuppen zu erwischen, ist hoch. Zu Hause greift Julius zum Teleskop. Für unterwegs hat er sich ein Fernrohr gebastelt, das lässt sich zusammenschieben und leicht transportieren.

DU BRAUCHST:

1 Bogen schwarze Pappe, 2 konvexe Sammellinsen mit kleiner und großer Brennweite, schwarzes Klebeband, Schere, Kleber, Zollstock, bunte Sternaufkleber

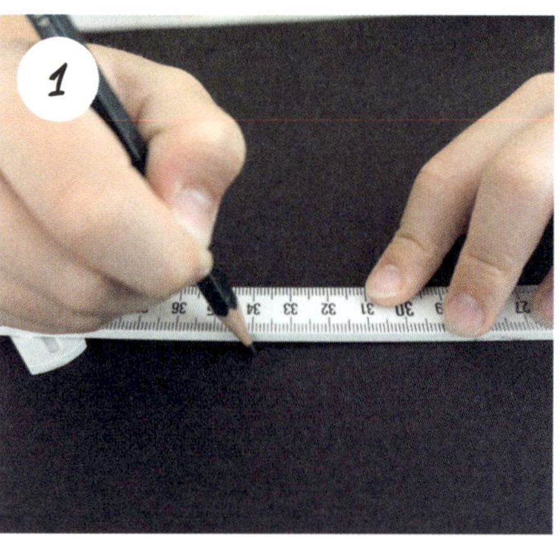

Addiere die Brennweiten der beiden Linsen (bei Julius: 27,5 + 6,5 = 34,0 Zentimeter) und markiere die Summe auf der Pappe. Dies ist die Länge deines Fernrohrs.

Schneide zwei Rechtecke mit der errechneten Länge aus dem Pappbogen. Kürze sie jeweils so in der Breite, dass du ein dickes und ein dünnes Rohr daraus drehen kannst.

Roll das große Stück Pappe so ein, dass vorne die große Linse gerade so hineinpasst. Werde nach hinten schmaler. Fixiere das vordere Rohr mit Klebeband.

Trage Kleber auf die Innenseite des breiten Rohrendes auf. Lass ihn kurz antrocknen und setz die große Linse mit der Wölbung nach außen ein.

Roll das kleine Stücke Pappe ein und steck es in das breite Rohr. Halte es am äußeren, schmalen Ende, sodass sich das andere Ende ausrollt und von innen gegen das breite Rohr stößt.

Dreh das Ende des schmalen Rohrs so weit zusammen, dass das Loch am Ende so groß wie die kleine Linse ist. Fixiere das Rohr mit Klebeband.

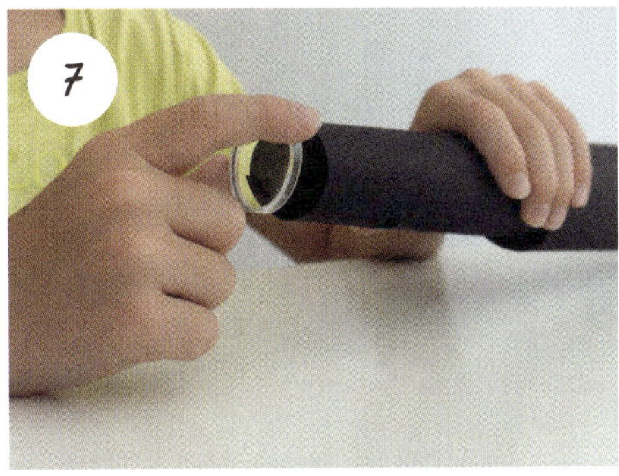

Bestreiche die Innenseite des schmalen Rohrs mit Kleber, lass ihn kurz antrocknen und steck die kleine Linse mit der Wölbung nach außen hinein.

Noch schnell die Sterne aufkleben und dann das Fernrohr draußen ausprobieren. Durch Schieben der beiden Rohrstücke kannst du das visierte Ziel scharf stellen.

RAUMFAHRT

Die Weite des Weltalls faszinierte die Menschen schon immer. Forscher auf der ganzen Welt versuchen, neue Galaxien, unbekannte Planeten und außerirdisches Leben zu entdecken. Mit Teleskopen können sie weit schauen, aber noch näher kommen Raumsonden und Astronauten an die Forschungsobjekte heran. 1961 startete eine Ära, die sich bis heute zu einem Wettlauf zwischen den Nationen entwickelt hat: die bemannte Raumfahrt. Der Russe Juri Gagarin flog in diesem Jahr als erster Mensch ins All. Acht Jahre später betrat der US-Amerikaner Neil Armstrong den Mond und im Jahre 1971 flog die erste Raumstation, die sowjetische Saljut 1, ins All.

Heute liefern sich die Milliardäre Richard Branson (Virgin Galactic), Jeff Bezos (Blue Origin) und Elon Musk (SpaceX) ein Wettrennen ins All. Sie bieten Privatleuten, die es sich leisten können, Weltraumflüge an. Im Juli 2021 haben Branson und Bezos ihre Testflüge ins All erfolgreich absolviert. Musk hat bereits mehrjährige Erfahrungen mit Versorgungsflügen zur Raumstation ISS. Doch die Ziele der drei Pioniere gehen weiter: Sie wollen Menschen ermöglichen, abseits der Erde zu leben - sei es auf der ISS, dem Mond oder dem Mars.

Starte mit Julius auf Expedition ins Weltall und erfahre, was du können musst, um Astronaut zu werden, wie der Raketenantrieb funktioniert und was das Leben auf einer Raumstation von unserem Leben auf der Erde unterscheidet.

VON ASTRONAUTEN, KOSMONAUTEN, TAIKONAUTEN ...

Die Erkundung des Weltalls ist ein alter Menschheitstraum, der von vielen Nationen geträumt wird. Jeder möchte den Mond erkunden, auf dem Mars landen, unentdeckte Kometen erforschen und vieles mehr. Hierfür bauen die Länder Raketen und Raumstationen und bilden Astronauten aus. Je nach Herkunftsland heißen die Raumfahrer anders:

USA: Astronaut

Indien: Vyomanaut

Frankreich: Spationaut

China: Taikonaut

Russland: Kosmonaut

ANFORDERUNGEN

Um Astronaut zu werden, brauchst du herausragende Fähigkeiten. Da man bis zu sechs Monaten auf engstem Raum in einem Team arbeitet, musst du gut mit Menschen auskommen und geduldig sein. Zur Verständigung ist fließendes Englisch Pflicht, weitere Sprachen verbessern die Jobchancen. Außerdem sollten Astronauten vieles gut können, da sie im All auf sich alleine gestellt sind, etwa kaputte Teile in der Raumstation reparieren, Experimente fehlerfrei durchführen und mit Staatsleuten telefonieren. Von Vorteil wären ein naturwissenschaftliches Studium und eine Pilotenausbildung. Außerdem musst du sehr sportlich sein, da Raumflüge anstrengend sind. Zu guter Letzt gehört Glück dazu, denn nicht nur kleine Jungs wollen Astronauten werden. Auf eine Stellenausschreibung der Europäischen Weltraumorganisation ESA im Jahr 2021 haben sich über 22.000 Menschen beworben.

AUSBILDUNG

Wenn du es geschafft hast und zum Astronauten ausgebildet wirst, brauchst du Geduld, da es mehrere Jahre dauern kann, bis du deinen ersten Einsatz hast. Neben der Grundausbildung durchläufst du zahlreiche Trainingsprogramme wie Flug- und Landungssimulationen, Verhalten bei Störungen und Notlandung im Meer. Das Arbeiten in der Schwerelosigkeit üben die Astronauten in einer nachgebauten Raumstation in einem Wasserbecken. Der Auftrieb des Wassers verhält sich ähnlich wie die Schwerelosigkeit im All. Dabei gewöhnst du dich schon an den Raumanzug, in dem jede Menge Technik steckt und der mehr wiegt als du selbst. Alleine ihn anzuziehen, dauert zwei Stunden. In der Schwerelosigkeit ist die Ausrüstung hingegen federleicht. Aber pass auf, dass du ihn nicht beschädigst, er kostet rund 12 Millionen Euro.

RAUMANZUG

Kamera
Auf jeder Seite sind Kameras und Lampen als Sichthilfe angebracht.

Helm
Das Visier ist mit Gold beschichtet, damit die Sonne die Augen nicht beschädigt.

Außenhülle
Um Temperaturen von minus 150 Grad bis plus 120 Grad auszuhalten, besteht der Anzug aus elf bis 14 Schichten Stoff und Metall. Für die Beweglichkeit sind Gelenkstücke eingebaut.

Überlebensrucksack
Hier gibt es Sauerstoff zum Atmen, Wasser zum Kühlen, Batterien für Licht und Strom.

Kopfhörer
Da die Astronauten über Funk mit ihren Kollegen und dem Kontrollzentrum sprechen, sind im Helm Kopfhörer und Mikrofon installiert.

Steuerungsmodul
Hier läuft alles zusammen: Regelung von Temperatur, Licht, Sauerstoff- und Energiezufuhr.

Werkzeug
Diverse Werkzeuge sind griffbereit vor dem Bauch platziert.

Weltraumstiefel
Sie sind luftdicht mit dem Anzug verbunden, damit keine Luft herausströmen kann.

WIESO IST EINE RAKETE SO SCHNELL?

Um ins All zu fliegen, muss man die Erdanziehungskraft überwinden und braucht dazu eine enorme Kraft. Einen solchen Schub schaffen nur Raketen, die auf eine Geschwindigkeit von bis zu 39.000 Stundenkilometer beschleunigen können. Dafür bestehen sie aus jeder Menge Treibstoff, der in mehreren Stufen verbrannt wird. Sind sie einmal im All, schweben sie ohne Luftwiderstand umher und können sogar die Gravitation anderer Planeten als Schwung nutzen.

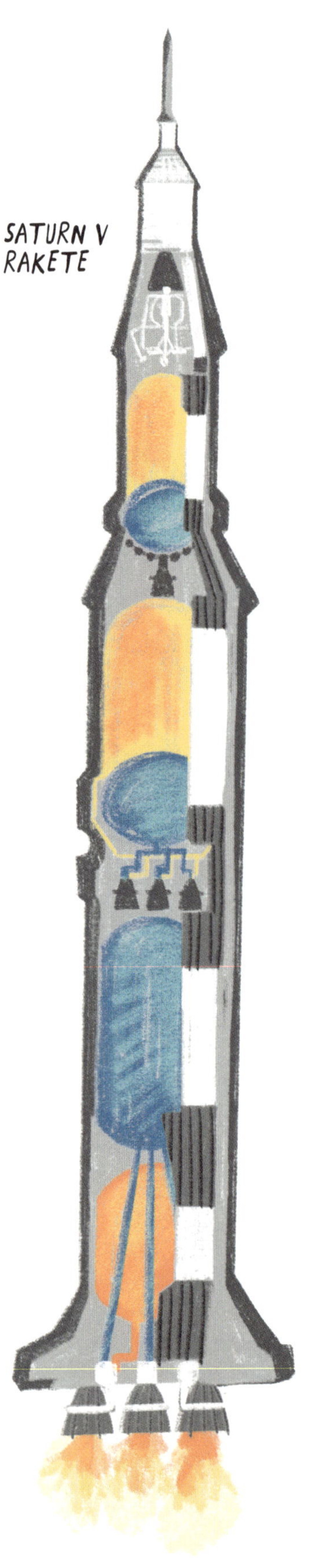

WELTRAUMBAHNHOF

Um Raketen ins All zu befördern, benötigt man einen speziellen Bahnhof. Der muss ziemlich groß sein, um Platz für mehrere Startrampen und Montagehallen, ein Kontrollzentrum, eine Treibstofffabrik, Boden- und Wetterstationen sowie Blitzableitertürme und eine Feuerwehr zu haben. Der Weltraumbahnhof sollte weit genug von Siedlungen entfernt liegen, bestenfalls an der Küste eines Ozeans, damit Menschen nicht durch giftige Treibstoffreste oder durch niederstürzende Trümmer bei Fehlstarts gefährdet werden.

Bedeutende Weltraumbahnhöfe sind Cape Canaveral in den USA (Apollo-Flüge), Kosmodrom Baikonur in Russland (ISS-Flüge), Kosmodrom Jiuquan in China (Shenzhou-Flüge) und der Europäische Weltraumbahnhof Centre Spatial Guyanais in Französisch-Guayana (Ariane-Flüge).

5 **Apollo-Kapsel**
Sie besteht aus dem Triebwerk mit Sauerstoff- und Treibstofftanks unten, dem Kommandomodul mit den Astronauten in der Mitte und einer Spitze mit einer kleinen Rakete, die bei einem Fehlstart die Astronauten in Sicherheit bringt.

4 **Mondlandefähre**
Sie fliegt mit der Apollo-Kapsel zum Mond. Dort wird sie entkoppelt, zwei Astronauten landen mit ihr auf dem Mond. Der dritte wartet in der Apollo-Kapsel auf das Andocken der Fähre nach dem Landgang. Dann geht's wieder zurück zur Erde.

3 **Dritte Raketenstufe**
Nun hat die Rakete nur noch einen Sauerstoff- und einen Wasserstofftank. Da es im All weder Gravitation noch Luftwiderstand gibt, erreicht sie ein Tempo von bis zu 39.000 Stundenkilometer. Sind die Tanks leer, wird die dritte Stufe abgeworfen.

2 **Zweite Raketenstufe**
In dieser Phase der Reise ist die Rakete leichter und schafft es mit einer Geschwindigkeit von bis zu 24.000 Stundenkilometer auf eine Höhe von etwa 185 Kilometer. Den Schub bekommt sie durch die Verbrennung von Wasserstoff mit Sauerstoff. Auch die zweite Raketenstufe wird abgetrennt, wenn die Tanks leer sind.

1 **Erste Raketenstufe**
In den beiden großen Tanks befinden sich Sauerstoff und Kerosin. Wird die Rakete gestartet, werden beide Stoffe über Rohre in die Brennkammer geleitet. Die Verbrennungsgase strömen durch die Düsen von fünf Triebwerken, die unter den Tanks angebracht sind, und beschleunigen die Rakete in den ersten drei Minuten auf rund 10.000 Stundenkilometer. Sind sie in einer Höhe von etwa 56 Kilometern angekommen, wird die erste Raketenstufe abgestoßen und stürzt ins Meer.

SPACE SHUTTLE

Eine andere Art von Rakete war das Space Shuttle, das von 1981 bis 2011 bei der US-Raumfahrtbehörde NASA im Einsatz war. Nach einer Weltraummission konnte es wie ein Flugzeug auf dem Erdboden wieder landen. Durch die Wiederverwendung des Shuttles erhoffte man sich geringere Kosten als bei der Raumfahrt mit normalen Raketen. Die Erwartung erfüllten sich jedoch nicht, weshalb das Programm nach 135 Flügen eingestellt wurde.

DIY RAKETE MIT VITAMINANTRIEB

Bei diesem Experiment testest du den Rückstoßantrieb. Der Treibstoff besteht aus Wasser und einer Brausetablette.

Klingt komisch, funktioniert aber. Wenn die Brause mit dem Wasser in Kontakt kommt, sprudelt es und Kohlenstoffdioxid wird frei. Da das Gas im geschlossenen Röhrchen nicht entweichen kann, steigt der Druck und der Deckel wird weggestoßen – die Rakete hebt ab.

DU BRAUCHST:

1 leeres Röhrchen von Brausetabletten, 1 Pappkarton, Klebeband, Gewebeband, 1 Schere, 1 Brausetablette, Wasser

Zeichne drei Beine für den Stand und einen Kreis für die Spitze auf die Pappe.

Schneide die Beine und den Kreis aus. Den Kreis bis zur Mitte einschneiden.

Umwickle alles mit Klebeband, damit es durch den Treibstoff nicht aufweicht.

Rolle den Pappkreis zu einem Trichter zusammen und klebe ihn oben auf das Röhrchen.

Befestige die Standbeine mit dem Klebeband an dem Röhrchen.

Verkleide die Rakete mit dem Gewebeband.

Fülle das Röhrchen drei Zentimeter hoch mit Wasser.

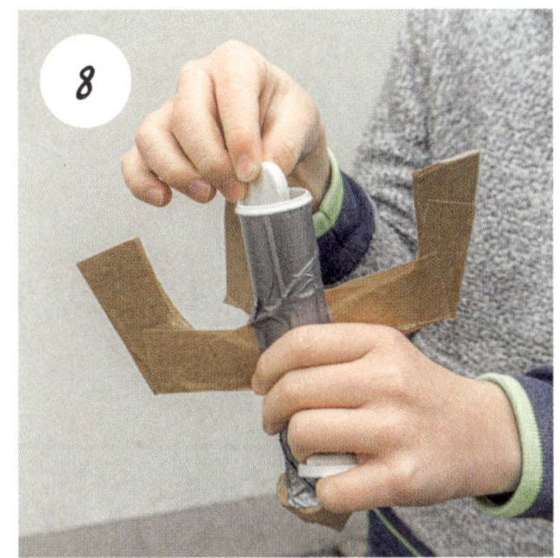

Gib eine Brausetablette hinein.

Deckel drauf, Rakete auf den Startplatz stellen und Countdown starten.

10 – 9 – 8 – 7 –

6 – 5 – 4 –

DER ERSTE MENSCH IM ALL

West gegen Ost: Seit dem Ende der 1940er Jahre befanden sich die USA und die Sowjetunion im Kalten Krieg und versuchten, sich gegenseitig zu übertreffen. Dabei spielte die Eroberung des Weltalls eine wichtige Rolle. 1957 hatten die Russen die ersten Erfolge: Sie schickten einen Satelliten (Sputnik 1) und ein Tier (Hündin Laika) ins All. Am 12. April 1961 startete der Kosmonaut Juri Gagarin mit einer Wostok-1-Rakete, umkreiste die Erde und landete wieder heil auf ihr. Seitdem ist er in Russland ein Held.

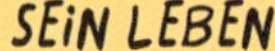

Juri Gagarin wurde am 9. März 1934 als Sohn eines Zimmermanns und einer Melkerin in der Nähe der Stadt Gschatsk in Russland geboren. Nach der Schule lernte er den Beruf des Gießers und studierte Gießereitechnik. Während des Studiums absolvierte er den Pilotenschein und trat in die Luftstreitkräfte ein. 1960 wurde er als potentieller Kosmonaut ausgesucht und für den Einsatz ausgebildet. Vor allem aufgrund seiner ruhigen Art wurde er aus 20 Kandidaten für den legendären Raumflug ausgewählt.

Nach der Erdumrundung absolvierte Gagarin zahlreiche Promotionsreisen unter anderem nach Österreich, England, Indien und Kuba. Während der Tour warb er für die Erforschung des Weltraums und das politische System der Sowjetunion. Trotz seines Erfolges verkraftete er den Trubel um seine Person nur schwer. Im Februar 1968 wurde Gagarin zum Ausbilder der Kosmonauten ernannt. Vorher wollte er seine Ausbildung zum Kampfpiloten abschließen, die durch seinen Kosmonauteneinsatz unterbrochen worden war. Auf einem Ausbildungsflug am 27. März 1968 verunglückte sein Flugzeug, und er kam ums Leben.

SEIN FLUG

108 Minuten dauerte Gagarins Flug um die Erde. Mit Blick auf sie prägte er den Begriff vom „Blauen Planeten“. Während des Raumfluges geschahen einige Pannen, die ihm das Leben hätten kosten können. So umkreiste die Wostok-1-Rakete die Erde in einer größeren Umlaufbahn als geplant. Dies hätte zur Folge gehabt, dass Gagarin mehr als zehn Tage im All hätte verbringen müssen mit viel zu wenig Lebensmittelvorräten. Er konnte die Rakete abbremsen und auf Kurs bringen. Weiterhin löste sich beim Rückflug die Landekapsel nicht vom Raumschiff und fing Feuer (Kommentar von Gagarin: „Genossen, ich brenne.“). Erst durch den Brand trennten sich die Verbindungskabel, und die Kapsel konnte sich lösen. In sieben Kilometern Höhe betätigte Gagarin den Schleudersitz und flog mit dem Fallschirm zur Erde. Auch hier hätte er ums Leben kommen können, da sich ein Schirm löste und nur durch Glück nicht am Hauptschirm hängenblieb. Seine Mutter erfuhr von der Reise ihres Sohnes übrigens aus dem Radio. Daraufhin machte sie sich umgehend mit dem Zug auf den Weg nach Moskau – im Hausrock und mit Hausschuhen.

SEINE WÜRDIGUNGEN

- Gagarin erhielt den Leninorden und den Titel „Held der Sowjetunion“.
- Die Russen feiern den 12. April als „Tag der Kosmonauten“. Weltweit wird er als „Internationaler Tag der bemannten Raumfahrt“ begangen.
- Seine Heimatstadt Gschatsk wurde in Gagarin umbenannt.
- In Moskau steht eine 13 Meter hohe futuristische Gagarin-Statue, die auf einer 38 Meter hohen Säule befestigt ist.
- Er ist auf mehreren russischen Münzen und Briefmarken verewigt.
- Ein Krater auf der Mondrückseite, ein Asteroid und eine Gebirgskette in der Antarktis wurden nach ihm benannt.
- Die „Pinkelpause“, die Gagarin vor seinem Raumflug am Hinterreifen des Transportbusses einlegte, wird von allen russischen Kosmonauten nachgemacht. Sie soll Glück bringen.

„EIN KLEINER SCHRITT FÜR
EIN GROẞER SPRUNG FÜR D

Diesen berühmten Satz sprach der US-Astronaut Neil Armstrong, als er als erster Mensch am 20. Juli 1969 den Mond betrat Aus Sorge im Staub zu versinken, war er noch angeseilt. Aber die Oberfläche war fest und nur mit einer dünnen Staubschicht bedeckt. Er und sein Kollege Buzz Aldrin erforschten den Boden, sammelten Gestein und machten Fotos.

TEAMWORK

Während Neil Armstrong und Buzz Aldrin den Mond vor Ort erforschten, kreiste Michael Collins in der Apollo-Kapsel um ihn herum, fotografierte seine Oberfläche und wartete darauf, dass seine Kollegen mit der Mondlandefähre wieder andocken. Nach einem knapp 22-stündigem Aufenthalt war es soweit, und die drei Astronauten traten den Rückflug zur Erde an. Am 24. Juli 1969 landeten sie im Pazifischen Ozean und wurden mit einem Hubschrauber an Bord eines Flugzeugträgers gebracht.

APOLLO-11-MISSION

Um auf dem Mond zu landen, musste alles neu erfunden werden. Es gab kein Erfahrungswissen, da noch nie ein Mensch den Mond betreten hatte. Man brauchte die größte Rakete mit dem stärksten Antrieb. Eine Kapsel mit Landefähre wurde geplant und gebaut. Experten berechneten die ideale Flugbahn, entwarfen die Raumanzüge und entwickelten das Weltallessen, das die Astronauten in der Schwerelosigkeit zubereiten können. Da es in der Rakete keine Toiletten im klassischen Sinne gab, wurden Windeln und spezielle Beutel entwickelt. Insgesamt waren 400.000 Menschen am Apollo-Programm beteiligt.

NEN MENSCHEN,
MENSCHHEIT."

DER COUNTDOWN

Die letzten Stunden vor dem Raketenstart in Cape Canaveral waren genau geplant. Sie wurden mit einer Formel angegeben, die den Zeitpunkt des Starts („T" wie „Take-off", englisch für „starten") minus der noch vorhandenen Zeitdauer in Stunden („h" für „hour"), Minuten („m" für „minutes") und Sekunden („s" für „seconds") darstellt.

Bei der Apollo-11-Mission sah der Countdown so aus:

T minus 05:02:00
5 Stunden und 2 Minuten vor Start werden die Astronauten ein letztes Mal von Ärzten untersucht. Sollte einer der drei nicht topfit sein, springen andere Astronauten ein.

T minus 04:32:00
Es gibt zum Frühstück Steak mit Ei.

T minus 03:57:00
Techniker helfen den Astronauten, die Raumanzüge anzuziehen.

T minus 02:40:00
Die Astronauten gehen zur Rakete und besteigen die Kapsel. Dort werden diverse Checks zur Funktionsfähigkeit, Sicherheit und Kommunikation durchgeführt.

T minus 00:00:10
Nun wird es ernst, die letzten zehn Sekunden sind angebrochen. Beim Zehner-Countdown wird heruntergezählt: 10, 9, 8 ...

T minus 00:00:08
Die Triebwerke der ersten Raketenstufe werden gezündet.

T minus 00:00:03
Das Gerüst löst sich von der Rakete.

T minus 00:00:00
Take-off! Um 9:32 Uhr Ortszeit hebt die Rakete ab.

Knapp 7,8 Milliarden Menschen leben auf der Erde, Tendenz steigend. Im Jahr 2050 könnte die 10-Milliarden-Marke überschritten werden. Damit für alle genug Platz vorhanden ist, suchen Forscher schon seit Jahren nach Ausweichmöglichkeiten im All. Von den Planeten des Sonnensystems bietet sich nur der Mars an, da er einerseits nicht zu weit von der Erde entfernt ist (man fliegt „nur" etwa neun Monate dorthin) und andererseits sind die Temperatur mit minus 55 Grad im Mittel halbwegs erträglich. Die Venus liegt zwar näher an der Erde, auf ihr ist es jedoch zu heiß (464 Grad), und die Atmosphäre besteht aus lebensgefährlichen Gasen und Schwefelsäure.

MARSMISSIONEN

Um den roten Planeten zu erforschen, schicken die Wissenschaftler ferngesteuerte Fahrzeuge (Rover) auf den Mars. Julius stellt euch drei spannende Missionen vor:

Sojourner

Am 4. Juli 1997 setzte eine Raumsonde der NASA auf dem Mars auf. An Bord war der Rover Sojourner (englisch für „Gast"), der als erstes Fahrzeug über den Mars rollte. Innerhalb der achtmonatigen Forschungsreise analysierte der Rover zahlreiche Gesteinsproben mit dem Ergebnis, dass es auf dem Mars früher warm und nass war und er über eine dichte Atmosphäre mit Wasser verfügte.

Curiosity

Der NASA-Rover Curiosity (englisch für „Neugier") landete am 6. August 2012 auf dem Mars. Da er größer und schwerer als die bisherigen Rover war, reichte ein Airbag für die Landung nicht aus, sondern er wurde von einer Plattform, die mit Hilfe von Bremsraketen in 20 Meter Höhe schwebte, an Kunststoffseilen auf den Marsboden herabgelassen. Curiosity lieferte unter anderem anhand von Flusskiesel den Beweis für frühere Wasservorkommen auf dem Mars.

Perseverance

Am 18. Februar 2021 gelang der NASA mit dem Rover Perseverance (englisch für „Ausdauer") eine weitere Landung auf dem Mars. In den ersten Wochen nach der Landung wurden schon wichtige Forschungsziele erreicht. So wurden erstmals vom Mars Tonaufnahmen empfangen. Erstmals flog mit der Drohne Ingenuity (englisch für „Einfallsreichtum") ein Helikopter auf einem fremden Himmelskörper – wenn auch nur 39 Sekunden lang und drei Meter hoch. Und erstmals wurde auf einem fremden Planeten Sauerstoff aus Kohlenstoffdioxid hergestellt. Zwar nur 5,4 Gramm innerhalb einer Stunde, aber damit hätte ein Mensch zehn Minuten lang Luft zum Atmen.

CHECKLISTE FÜR MARSAUSWANDERER

Angenommen, du entscheidest dich für ein Leben auf dem Mars, irgendjemand würde die Reisekosten für die Raumfahrt von rund 500 Milliarden Euro übernehmen und es gäbe auf dem Mars Unterkünfte, in denen du leben könntest. Dann solltest du die folgenden Dinge beachten:

Sauerstoff
Der Mars hat keine Atmosphäre, in der sich Sauerstoff lagert. Du wirst für die neunmonatige Fahrt ausreichend Sauerstoff mitnehmen und auf dem Mars Sauerstoff durch Zersetzen von Wasser selbst herstellen müssen.

Essen und Trinken
Für den Flug reicht Astronautennahrung aus Tuben und Dosen, auf dem Mars kannst du Gewächshäuser anlegen und Gemüse und Obst anbauen. Wasser gibt es dort oben auch nicht, das ließe sich aber aus der Atemluft und dem Urin wiedergewinnen.

Sonne
Während wir auf der Erde durch die Ozonschicht vor den Sonnenstrahlen weitestgehend geschützt sind, bekommst du auf dem Mars die volle Ladung kosmischer Strahlung und elektrisch geladener Teilchen, die unser Magnetfeld um die Erde umleitet. Sonnencreme wird nicht reichen, du wirst dich mit einem Raumanzug schützen müssen, wenn du deine Unterkunft verlässt.

Steinschlag
Der kosmische Staub fliegt durchs All und würde dich auf dem Mars wie die Geschosse aus einer Schrotflinte treffen. Die Erdatmosphäre schützt uns vor solchen Meteoroiden und lässt sie als Sternschnuppen verglühen, bevor sie uns erreichen.

Zusammenhalt
Alleine neun Monate lang auf engstem Raum mit fremden Menschen in einer Rakete zu verbringen, erfordern ein ausgleichendes, tolerantes und hilfsbereites Wesen. Schau mal auf deinem letzten Zeugnis, was da unter „Bemerkungen über Mitarbeit und Verhalten“ steht – das ist hiermit gemeint.

Heimweh
Mal eben zur Oma zu fahren oder alte Schulfreunde zum Geburtstag zu besuchen, ist teuer und benötigt einen ziemlich langen Vorlauf. Damit der Flug nicht länger als neun Monate dauert, muss man den Zeitpunkt abpassen, an dem sich Mars und Erde am nächsten stehen, und das ist wiederum nur etwa alle zwei Jahre so. Leichter geht es per Telefon, hier ist die Verzögerung zwischen dir und deiner Oma nur eine halbe Stunde.

LEBEN IM ALL

Sergei Prokopjew (Russland)

Serena Auñón-Chancellor (USA)

Alexander Gerst (Deutschland)

Außer auf der Erde können wir auf keinem anderen Himmelskörper leben, da es entweder zu heiß oder zu kalt, zu stürmisch oder ohne Sauerstoff oder einfach zu weit weg ist. Nun gibt es aber trotzdem ein Leben im All, und zwar auf einer Raumstation, die um die Erde kreist. Wie man in der Schwerelosigkeit, zumindest für eine Zeit lang, leben kann, zeigt dir der Astronaut Alexander Gerst, der schon zweimal auf der ISS war und insgesamt 362 Tage im All verbrachte. Bei seiner letzten Mission mit dem Namen „Horizons" war er sogar Kommandant der ISS.

Die Internationale Raumstation (englisch „International Space Station" oder „ISS") ist die größte Raumstation der Welt. Das erste Bauteil wurde 1998 ins All gebracht, seitdem wird sie kontinuierlich weiter ausgebaut. Insgesamt sind 16 Staaten an ihr beteiligt. Die Kosten für die Errichtung und den Betrieb der Station belaufen sich auf mehr als 100 Milliarden Euro. Seit 2000 ist die ISS dauerhaft von Raumfahrern bewohnt.

Ein typischer Tag auf der ISS startet morgens gegen 6.00 Uhr mit einem Frühstück aus Astronautennahrung. Nach der morgendlichen Inspektion planen die Astronauten mit den Bodenstationen ihren Arbeitstag. Vormittags wird wissenschaftlich gearbeitet. Nach dem Mittagessen trainieren die Astronauten Ausdauer und Kraft. Abends wird gemeinsam gegessen und sich ausgetauscht. Gegen 21.30 Uhr gehen die Astronauten ins Bett bzw. in ihre schwebenden Schlafsäcke.

FORSCHEN IM ALL

FREIZEIT IM ALL

ISS

Die Astronauten bringen ihr eigenes Essen von der Erde mit. Es ist vorgekocht, abgewogen, vakuumiert und tiefgekühlt. Sie müssen es nur noch in der Bordküche aufwärmen. Da alles schwebt, trinken sie die Flüssigkeiten mit Strohhalmen aus Plastiktüten. Festes Essen ist ebenfalls gut verpackt und mit Magneten an den Tischen befestigt.

Wichtig ist es, dass die Nahrung leicht verdaulich ist, denn jeder Toilettengang ist ein Abenteuer. Die flüssigen und festen Ausscheidungen sollen ja nicht in der Luft herumfliegen. Deshalb sind die Toiletten mit starken Sauglöchern und Schläuchen ausgestattet. Wie gut, dass man in der Schwerelosigkeit weniger Hunger hat.

SPORT IM ALL

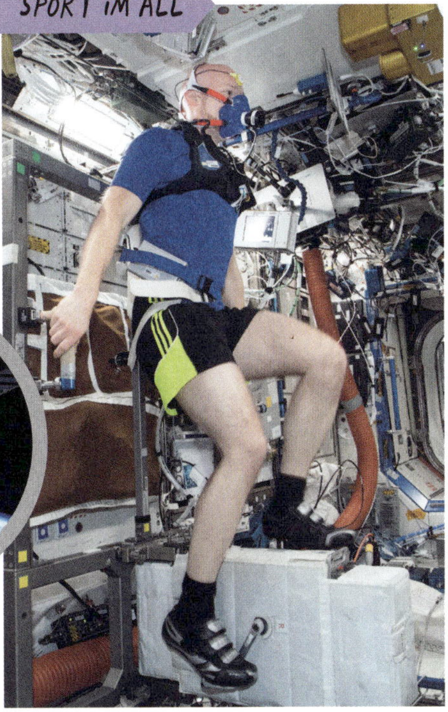

Die Schwerelosigkeit verändert unseren Körper. So fließt das Blut langsamer, die Muskeln bauen sich ab, der Gleichgewichtssinn wird gestört und das Immunsystem geschwächt.

Um fit zu bleiben, gibt es auf der ISS Laufbänder, ein Fahrradergometer und Kraftgeräte. Die Astronauten trainieren täglich etwa zwei Stunden. Zu viel schwitzen ist auch nicht gut, da es mangels Wassers keine Duschen gibt. Vielmehr waschen sich die Astronauten mit feuchten Tüchern und Trockenshampoos. Die Zähne putzen sie übrigens mit spezieller Zahnpasta, die man herunterschlucken kann.

WO KANN MAN SCHWERELOSIGKEIT ERLEBEN?

Auf einem Parabelflug: Dabei fliegt ein Flugzeug die Form einer nach unten geöffneten Wurfparabel. Nach einem starken Schub nach oben drosselt der Pilot die Maschinen und drückt den Steuerknüppel nach vorne. Der Flieger steigt noch leicht an und geht dann in den freien Fall. Für etwa 22 Sekunden befinden sich die Passagiere in der Schwerelosigkeit. Schließlich zieht der Pilot das Flugzeug wieder nach oben und fährt die Triebwerke hoch.

Im Bremer Fallturm: Er ist 146 Meter hoch und in seinem Innern befindet sich eine Kapsel, in der man den Turm hinunterrasen kann. Der freie Fall dauert knapp 5 Sekunden. Wer mehr mag, kann das Katapult ausprobieren. Dadurch verlängert sich die Schwerelosigkeit auf über 9 Sekunden.

Im Schwimmbad: Wenn du unter Wasser eine Rolle machst, fühlt man sich schwerelos. Je häufiger du dich drehst, desto schwieriger ist es, oben und unten zu unterscheiden.

BOTTLE FLIP

DAS SCHWERELOSIGKEITSEXPERIMENT

GEORG

In der Luft herrscht Schwerelosigkeit. Anhand eines einfachen Experiments mit einer Wasserflasche kann man das beweisen. Georg und Julius zeigen dir, wie es geht.

Stich mit einem Dorn ein Loch in den Deckel einer Plastikflasche.

Füll die Flasche zu vier Fünftel mit Wasser.

Verschließ die Flasche mit dem Deckel.

Wirf die Wasserflasche bogenförmig durch die Luft. Das Wasser bleibt dabei in der Flasche. In der Luft bewegt sich die Flasche genauso schnell wie das Wasser, es herrscht Schwerelosigkeit.

Fällt die Flasche auf den Boden, zieht die Gravitation das Wasser nach unten, und das Wasser fließt aus der Flasche heraus.

DIY ASTRONAUTEN-NAHRUNG

In diesen Müslistücken stecken nicht nur ordentlich Kalorien, sondern auch leckere Zutaten. Eignet sich übrigens nicht nur für Raumflüge, sondern auch für irdische Ausflüge.

DU BRAUCHST:

200 Gramm getrocknete Früchte, 200 Gramm gehackte Mandeln, 200 Gramm Haferflocken, 125 Gramm Butter, 100 Gramm flüssigen Honig, 50 Gramm Schokostreusel, 1 Ei, kleine Pfanne, Handmixer, Rührschüssel, Schüssel, Messer, Kochlöffel

Schneide die Früchte in kleine Stücke.

Schmilz die Butter in einer Pfanne oder einem Topf.

Füll Mandeln, Haferflocken, Früchte, Honig und Butter in eine Schüssel.

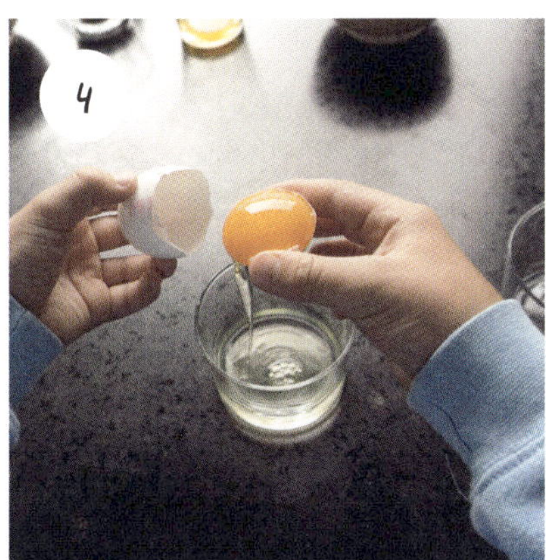

Trenn das Ei in Eiweiß und Dotter.

Schlag das Eiweiß mit dem Handmixer steif.

Heb den Eischnee vorsichtig unter die Müslimasse.

Verteil die Masse auf ein mit Backpapier ausgelegtes Blech, bestreu sie mit Schokostreuseln.

Back die Masse 25 Minuten im Ofen bei 160 Grad Umluft. Abkühlen lassen und in Stücke schneiden.

DAS GAB'S IM WELTALL

FORSCHERGEIST

ENTDECKERLUST

BASTELSPAß

JULIUS FORSCHT WEITER ...

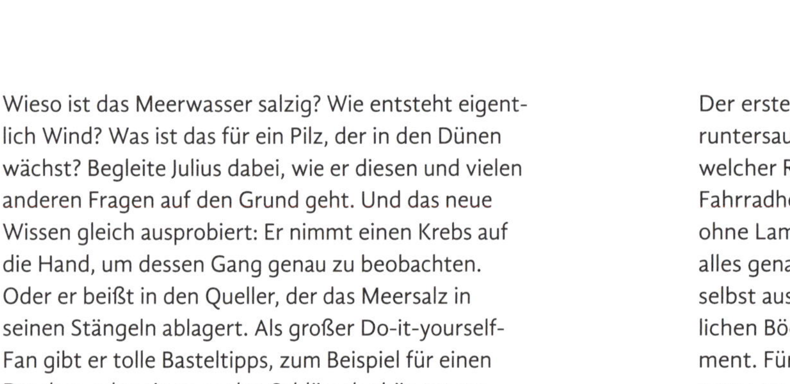

Wieso ist das Meerwasser salzig? Wie entsteht eigentlich Wind? Was ist das für ein Pilz, der in den Dünen wächst? Begleite Julius dabei, wie er diesen und vielen anderen Fragen auf den Grund geht. Und das neue Wissen gleich ausprobiert: Er nimmt einen Krebs auf die Hand, um dessen Gang genau zu beobachten. Oder er beißt in den Queller, der das Meersalz in seinen Stängeln ablagert. Als großer Do-it-yourself-Fan gibt er tolle Basteltipps, zum Beispiel für einen Drachen oder einen coolen Schlüsselanhänger aus Treibholz.

Michael König
JULIUS FORSCHT – AM MEER
Forschen, Entdecken, Basteln
96 Seiten, 19,0 × 24,5 cm, Flexcover
15,00 € (D) | 15,50 € (A)
ISBN 978-3-98145-666-0

Der erste Schritt in die Freiheit, volle Pulle den Berg runtersausen – das Fahrrad macht's möglich. Aber welcher Radtyp passt zu mir? Wie gut schützt ein Fahrradhelm aus Kunststoff? Ist ein Mountainbike ohne Lampen im Straßenverkehr erlaubt? Julius will alles genau verstehen und probiert das neue Wissen selbst aus: Er testet seine Bremsen auf unterschiedlichen Böden und macht ein Gangschaltungsexperiment. Für DIY-Fans gibt Julius Tipps zur Verschönerung von Lenker und Klingel und bastelt aus einer alten Bremse eine Schreibtischlampe.

Michael König
JULIUS FORSCHT – RUND UMS RAD
Forschen, Entdecken, Basteln
96 Seiten, 19 × 24,5 cm, Flexcover
15,00 € (D) | 15,50 € (A)
ISBN 978-3-98145-668-4

Auch Kinder können Erste Hilfe leisten. Julius zeigt, wie man Schürfwunden verbindet, verstauchte Knöchel versorgt und Verletzte in die stabile Seitenlage bringt. Nebenbei erforscht er den Körper: Wie repariert sich Haut nach einem Schnitt? Können Knochen an derselben Stelle zweimal brechen? Warum wird man bewusstlos? Dazu gibt es jede Menge zu entdecken, zum Beispiel bei dem Eierglasexperiment, der Lungenvolumenmessung und dem Kreislauftest, und zu basteln, zum Beispiel eine Gipshand, eine Spitzwegerichsalbe und ein Kirschkernkissen.

Michael König
JULIUS FORSCHT – ERSTE HILFE
Forschen, Entdecken, Basteln
96 Seiten, 19 × 24,5 cm, Flexcover
15,00 € (D) | 15,50 € (A)
ISBN 978-3-98215-300-1

Was unterscheidet eine Eiche von einer Buche? Warum ist es im Sommer trotz Hitze im Wald angenehm kühl? Was passiert mit dem Herbstlaub? Julius beobachtet im Frühling Bienen beim Nektarsammeln, im Sommer badet er im Wald, im Herbst geht er in die Pilze und im Winter auf Spurensuche im Schnee. In einem Experiment weist er nach, dass Pflanzen Sauerstoff erzeugen, und auf einem „Fress-Parcours" testet Julius den Geschmack von Ameisen. Dazu gibt's tolle DIYs: Insektenhotel, Blattkunstwerk, Holunderblütensirup, Räucherstäbchen und Schneeschuhe.

Michael König
JULIUS FORSCHT – IM WALD
Forschen, Entdecken, Basteln
96 Seiten, 19 × 24,5 cm, Flexcover
15,00 € (D) | 15,50 € (A)
ISBN 978-3-98215-301-8

IMPRESSUM

1. Auflage 2021

Olivia Verlag e. K.
Frickastraße 14
80639 München

olivia-verlag.de
julius-forscht.de

Der Autor hat dieses Buch nach bestem Wissen und Gewissen erarbeitet. Alle Texte, Tipps und Ratschläge sind mit Sorgfalt ausgewählt, recherchiert und geprüft. Eine Haftung des Verlages und seiner Beauftragten für alle erdenklichen Schäden an Personen, Sach- und Vermögensgegenständen ist ausgeschlossen.

Dieses Buch ist auf Papier aus nachhaltiger Waldwirtschaft gedruckt, klimaneutral hergestellt und der Umwelt zuliebe nicht in Plastikfolie eingeschweißt.

ISBN 978-3-98215-303-2

Redaktion
Michael Albrecht

Texte und Fotos
Michael König

Weitere Fotos
Dirk Tacke: Cover, S. 60, 61, 66, 67, Backcover | istockphoto: Vor- und Nachsatzpapier, S. 1–3, 5–7, 10, 12–22, 25, 34, 38, 39, 41, 43–53, 58, 59, 62, 70, 71, 74, 75, 79–81, 85, 90–92 | unsplash: S. 17, Sung Shin, Spencer Davis | The Finnish Museum of Photography, Uusi Suomi collection: S. 78 | Alamy: S. 80 | ESA/NASA, A. Gerst: S. 84, 85

Teleskop
Bresser – bresser.de

Lektorat
Kirsten Albrecht, Olivia Albrecht, Lilli Hezareh, Sanna Morgenroth, Dr. Arno Riffeser, Dr. Anita Winter

Gestaltung und Illustrationen
Andrea Wong – andreawong.de

Druck und Bindung
Print Consult – printconsult.de

BRESSER